失われた甲子園

記憶をなくしたエースと1989年の球児たち

Eiichi Akasaka
赤坂英一

講談社

失われた甲子園　記憶をなくしたエースと１９８９年の球児たち◉目次

失われた甲子園　記憶をなくしたエースと１９８９年の球児たち

序章

ボールが逃げていく

1989年4月5日、甲子園で最も悲劇的と言われた決勝戦

宮田正直は泣いていた。阪神甲子園球場のマウンドに立ち、打席に入った相手と向かい合って、溢《あふ》れる涙を必死にこらえようとしていた。

まだや。まだ泣くのは早い。まだ、試合は終わってないんやから。

あとひとり、この打者を打ち取ったら、同級生の捕手や先輩の野手と抱き合って、思い切り声を上げて泣けばいい。そう頭ではわかっていても、宮田が我慢しようとすればするほど、動悸が速まり、瞼《まぶた》の裏から熱い湧き水のように涙が込み上げて、自分でどうすることもできなかった。

宮田は身長172センチ、体重73キロと、当時の高校球児としても、どちらかと言えば小さ

いほうだった。宮田と同じ2年生だった捕手・塩路厚は「コロッとしてるタイプ」と表現し、先輩で3年生の遊撃手・元木大介は「ずんぐりむっくりで、モサッとしてる感じだったな」と回想している。

極めて正確なコントロール、強気に内角を攻めるスタイルには定評があったが、直球の平均速度はせいぜい140キロ台前半に過ぎない。のちに甲子園を沸《わ》かせたダルビッシュ有ほど頭抜けた肉体もなければ、松坂大輔のように人並み外れた球威もなかった。

その上、極端な人見知りで、ふだんは野球部員同士の間でさえひどく口が重い。スター扱いされた球児がよくやるように、新聞記者の喜びそうなコメントを口にしてスポーツ紙の紙面をさらうなど、宮田には到底できない芸当だった。

しかし、その物静かで小さな宮田は、押しも押されもしない上宮高校のエースだった。いや、この年、甲子園に集った球児たちの中でも屈指の好投手だったと言っていい。上宮が決勝戦まで来られたのは、誰よりも宮田がそれまでの4試合をひとりで投げ抜いてきたからである。それも、2完封を含む4完投、4試合での失点は僅《わず》かに5点と、文句のつけようのない圧巻の投球だった。

そして、この決勝戦もひとりで投げ続け、あとアウトひとつ取ったら優勝できるところまでこぎつけたのだ。厳しく苦しい練習も、肩や肘の痛みを我慢してきた苦労も、すべてがもう少しで報われようとしている。

泣くのは早い。あとひとり、このひとりをしっかり打ち取らないと。
最後の打者となるはずの相手に向かって、宮田は大きく両腕を振りかぶった。

1989年4月5日水曜の午後、阪神甲子園球場で行われた第61回選抜高校野球大会の決勝戦は、愛知の東邦高校と大阪の上宮高校の対決となった。

春の決勝で愛知勢と大阪勢が相まみえるのは1937年（昭和12年）の中京商業学校（のちの中京大学附属中京高校）対浪華商業学校（のちの大阪体育大学浪商高校）以来、52年ぶり3度目である。当日はスポーツ紙も一般紙も、半世紀ぶりの名阪決戦だと前人気をあおった。テレビ中継はNHK、地元大阪の民放・毎日放送（MBS）が2局同時に行っている。

地元の上宮が出場することに加え、地理的にも近い愛知の有名校との対戦とあり、甲子園には早朝から大勢のファンが詰めかけた。正午の気温が17・4℃に達し、清々しく晴れ上がった春の陽気の中、スタンドを埋めた大観衆はちょうど5万人と、主催者の日本高校野球連盟は発表している。

上宮は前年1988年に続いての選抜出場で、決勝まで進出したのはこのときが初めてだった。1980年に初出場を果たし、この10年間で6度目の出場と、当時日の出の勢いで台頭していた大阪の新鋭である。

一方、東邦は全国にその名を轟《とどろ》かせた愛知の古豪である。選抜出場もこのときですでに通算20度目、決勝進出だけでも2年連続6度目を数えていた。この一戦に勝てば、戦時中だった1941年（昭和16年）の第18回大会以来、48年ぶり4度目の全国制覇となる。

この決勝は両校の監督にとって、自分たちの初優勝をかけた戦いでもあった。

阪口慶三は44歳で、1967年に愛知大学を卒業して東邦の教師になると、22歳ですぐ野球部の監督を命じられた。以後、22年間、春、夏合わせて13度甲子園にやってきたにもかかわらず、一度も優勝していなかった。

対する上宮の山上烈《いさお》も40歳と、阪口とほぼ同世代である。1971年の夏に23歳で上宮の野球部監督に就任し、ひとりで6度も甲子園に出場しているのに、悲願である紫紺の大優勝旗には指先すら届いていない。

この年、ともに2年連続で選抜に出場したふたりは、どちらも前年の大会で苦杯を嘗《な》めていた。阪口は決勝まできて、愛媛の宇和島東高校に0－6の完敗。山上は準々決勝で延長十二回の末、栃木の宇都宮学園高校を7－8と1点差に追い上げながら惜敗した。

だから、今年こそはと、ふたりの心中には期するものがあった。今年こそは、何としても勝ちたい。いや、絶対に勝つ、と。

阪口と山上のたぎるような思いがぶつかり合った決勝戦は、12時29分に始まった。それから3時間が経過し、スコアボードの時計の針が3時半を回ったこのとき、上宮の勝利はもはや決まったかと思われた。

2－1と上宮が1点リードして迎えた延長十回裏、ツーアウト、ランナー無し。5万の大観衆はもちろん、戦っている上宮と東邦の選手たち、そして監督の山上と阪口ですら、勝負はついたと信じて疑わなかった。

阪口が一塁側ベンチで観念していたころ、三塁側ベンチにいた山上は、一塁側ベンチの隣にある通用口の扉を見ていた。いまは閉じられたその向こう側で、鋭く尖《とが》った金色の鉾《ほこさき》が、春の陽を照り返して輝いている。試合後の表彰式に備え、高野連の関係者によって扉の裏側まで運ばれてきた優勝旗の竿頭《かんとう》だった。

不意に、山上の脳裏を感慨がよぎった。

ああ、やっと、あれを持って帰れるのか。

最後の打者となるはずだった東邦の1番・山中竜美に対し、宮田の初球は大きく低めに外れた。捕手の塩路はすぐさま立ち上がってマスクを取り、宮田に呼びかけた。

「落ち着いていこう、落ち着いて！」

しかし、2球目も内角への明らかなボールだった。塩路がまた立ち上がって宮田に声をかけたが、次の3球目はもっと大きくストライクゾーンの上に抜けた。4球目もまた高めのボール。ストレートの四球だ。

何よりもコントロールのよさが身上だったはずのエースが、まったくストライクが入らなくなっている。ベンチの山上は、野球部長の仲谷達幸に言った。

「おい、ボールがおかしいぞ。あいつ、泣いてるんじゃないか」

仲谷は、まさか、という顔をした。

「そんなことはないでしょう」

このとき、宮田が泣いていることに気づかなかったのは仲谷だけではない。スタンドを埋めた5万の大観衆も、テレビの前で固唾《かたず》を呑《の》んで見守っていた全国の視聴者も、そしてテレビ中継をしていたNHKとMBSのスタッフも、さらにネット裏の記者席で観戦していた大勢の新聞記者たちも含めて、ほとんど誰にもわかっていなかった。

宮田は目に涙を溜《た》めながらも、懸命に平静を装っていた。投球の合間、アンダーシャツの袖で汗を拭《ぬぐ》うように両目を拭って、右手の指で鼻水が落ちかけた鼻をこする。そうした何気ない仕草をして見せ、泣いていることを東邦の選手たちに悟られまいとしていた。

山中への投球が3ボールノーストライクになった直後、NHKのアナウンサー西田善夫は、宮田の様子についてこう実況している。

「はっきり、疲れてますね。それこそ、あとひとつですからね、アウトがね」

宮田に異変が生じていることを示唆しつつも、泣いていることには触れていない。野球部長の仲谷と同様、中継席のモニター画面で宮田の表情を見ていてさえ、宮田の目に溜まった涙までは確認できなかったのだ。

このテレビ中継の画像はいまでもYouTubeなどの動画投稿サイトで見ることができる。毎年、春の選抜の季節がめぐってくるたび、ＮＨＫもいわゆる思い出の名場面のひとつとして繰り返し放送している。そういう映像を仔細に観察しても、宮田がマウンドで泣いているのかどうかは、やはりわかりにくい。

しかし、山上は宮田の投げる球を見ただけで変調を察知した。中学2年のころからこれと見込んで入学させ、ここまで手塩にかけて育て上げたエースのただならぬ様子を、山上が見逃すわけはなかった。

東邦の山中が一塁に歩くと、山上はすぐに球審の布施勝久にタイムを要求し、控え内野手の高田進治を伝令に走らせた。宮田に一息入れさせようと考えての采配だろうと誰もが思ったが、実は宮田が泣いているかどうかを確かめさせるためだった。

高田がマウンドにやってきて、捕手の塩路や遊撃手の元木、一塁手の鈴木英晃、二塁手の内藤秀之、三塁手の種田仁も集まる。キャプテンでもある元木が、宮田に言った。

「泣いてる場合じゃないよ。あとひとりなんだから、頑張って投げろ」

強い言い方をしたらかえって宮田が竦《すく》むと思ったのか、優しく言い聞かせるような口調だった。内藤もまた、宮田の肩を軽くたたきながら励ましている。

「思い切って腕振っていけよ、腕振ってな。ボールになってもええんやから」

マウンドからベンチに帰ってきた高田は、山上にこう報告した。

「先生、宮田は泣いてます、泣いてます」

困ったな、と山上は思った。あいつ、最後まで持ち堪《こた》えてくれるだろうか。

種田はこのとき、ベンチの山上を見つめ、グラウンドからサインを送っている。右手首を振って投げる仕草を見せ、ドアノブを回すように指をクルッと回転させた。

投手を代えてください。

種田の気持ちはわかった。しかし、山上には宮田を降ろすことなど考えられなかった。ここまで宮田で来たからには、最後まで宮田に託して頂点に上り詰めたかった。


甲子園で選抜の決勝戦が行われていた4月5日の午後、光山《みつやま》英明は東京都八王子市にある中央大学の多摩キャンパスにいた。彼は3月に上宮を卒業したばかりで、この日は大学の入学式に出席していたのだ。

正午で17℃を超えた大阪に引き替え、東京は9・8℃。空もどんよりと曇って、甲子園のような春の陽気には程遠い天気だった。

光山は学年で元木や種田のひとつ上、宮田のふたつ上の上宮OBである。前年の1988年までは主将を務めていた。当初は捕手をしていたが、3年で一塁手に転向し、88年の選抜に出場している。2年連続出場となった翌89年の選抜も、母校の試合が行われる日は必ずアルプススタンドに足を運び、後輩たちとともに応援に声を嗄《か》らしていた。

とりわけ、ひとりで投げ続けていた宮田への思い入れは、人一倍強かった。

中学時代の宮田は、大阪のボーイズリーグを代表するエース投手だった。今度はいつ、どこのグラウンドで宮田が投げるという情報が流れれば、少年野球の関係者のみならず、宮田の評判を聞いた近所の野球好きまで集まってきたほどだ。かつて同じ地区のボーイズリーグのチームに所属していた光山も、追いかけるように宮田の投げる姿を見つめていた。

宮田が中学2年になると、早くもＰＬ学園高校や近畿大学附属高校といった地元の強豪をはじめ、他県の有名校も次々にスカウトの手を伸ばしてきた。そうした強力なライバル校に取り囲まれた中で、何とか将来のエースを上宮で獲得しようと、主将となった光山は熱心に宮田を勧誘した。

最大の武器は5歳年上の兄・英和の存在である。英明と同じ上宮で捕手をやり、１９８３年に山上の下で選抜に出場した経験を持つ兄は、その83年秋のドラフトで近鉄バファローズ（のちにオリックス・バファローズに吸収合併）に指名され、のちにエースの野茂英雄とバッテリーを組んで全国的に有名になる。

英和と英明の兄弟は、ふたりして宮田を口説いた。食事をご馳走し、野球用具を与え、夜遅くなったら家に泊めてまでして、宮田にささやき続けた。

「なあ、上宮に来いよ」

英和はまだ無名だったとはいえ、れっきとしたプロの野球選手だ。身長１８６センチ、体重

100キロの巨漢、捕手ならではの包容力も感じさせる彼は、宮田の心をつかむのに十分な魅力を持っていたに違いない。

宮田が上宮に入学してからも、人見知りの彼がチームに溶け込み、孤立することのないよう、光山はいつも気を配った。光山と同級生のエース、壬生《みぶ》清成が宮田を何くれとなく可愛がり、宮田もまた壬生のイジリを笑って受け入れるようになる。どちらも投手だったこともあり、壬生と宮田の仲のよさはまるで本当の兄弟のようにも思われた。

そこまで力を尽くして引き入れた宮田が、いよいよ母校を初優勝に導こうとしているのだ。入学式のあとも新入生の歓迎イベントに参加しながら、光山は甲子園の決勝戦の行方が気になって仕方がなかった。

当時は携帯電話が普及しておらず、出先で野球の試合をチェックするには携帯用ラジオで中継を聴くしかない時代である。だからと言って、入学式やイベントの最中にラジオにかじりついているわけにもいかなかった。

幸い、キャンパスには大きなテレビが置かれたスペースがあり、そこで時々、試合経過を確認することができた。最後にブラウン管の画面を見たとき、まだ同点だったか、上宮が1点勝ち越したところだったのか、光山はそこまで覚えていない。

ただ、気がついたら、上宮は負けていた。あんな信じられないような負け方をしたことはあとで誰かに聞き、その場で思わず呆然《ぼうぜん》としてしまった記憶だけが残っている。

延長十回裏、ツーアウトから東邦の山中を四球で歩かせたあと、続く髙木幸雄へのカウントが3ボール2ストライクになった。あと1球だ。宮田が投げる次の球を、髙木が三振するか、凡打してアウトになれば、あと1球で上宮の優勝が決まる。

宮田がマウンドで大きく息をすると、背後を振り返った。外野手の岡田浩一、小野寺在二郎、岩崎勝己に向かって右手の人差し指と小指を突き上げ、大声で呼びかけた。

「ツーダン、ツーダン！」

打席に向き直り、足下のロージンバッグを拾う。いつものように振る舞うことで、少しでも自分を落ち着かせようとしていた。

しかし、最後になるはずの1球が、またも高めに抜ける。見逃せばボールだったその球を、髙木が金属バットでたたきつけるようにして打ち返した。三遊間の最も深いところに飛んだ打球に、ショートの元木がかろうじて追いついたが、体勢を立て直して一塁へ送球したときには、もう髙木が一塁を駆《か》け抜けたあとだった。遊撃内野安打。

ツーアウト、ランナー一・二塁となって、迎えた打者は3番の原浩高である。その初球に投じたシュート、この試合150球目が、宮田にとって本当に最後の1球となった。

原が初球から打ちにいき、センター方向へどん詰まりの打球が上がる。フライが落ちるところに誰もいない。ダッシュしてきた中堅手の小野寺がワンバウンドで打球を拾うと、捕手の塩路を目がけて思い切り腕を振った。

二塁ランナーの山中が三塁を回り、ホームへ突っ込んでくる。小野寺の返球がノーバウンドで塩路の胸元に届いた。捕った塩路が、覆い被さるようにタッチにいく。山中が左足から滑り込む。際どい。アウトだ。ベンチの山上にはそう見えた。ゲームセットだ。

間髪入れず、球審の布施が両腕を広げた。セーフ！　同点だ。2－2になった。

ゲームはまだ動いている。

塩路はボールを右手に握り替え、一塁走者だった高木を目で追った。彼は全速力で二塁を回り、三塁へ向かおうとしている。塩路が二塁手の内藤へ送球すれば、高木は躊躇《ちゅうちょ》せず三塁へ突進するだろう。あいつはサヨナラのランナーだから二塁で止めておきたい。

三塁手の種田はベースに片足をつけ、送球に備えてグラブを構えている。そこへ塩路が投げると、高木が二塁へ取って返した。種田が高木を追いかけ、二、三塁間に挟み込み、二塁手の内藤に送球する。そのとき、ほんの一瞬、内藤の視界の中で、ショートバウンドしたボールが高木の身体に隠れた。

あっ、見えない！

内藤が腰を落として捕りにいくと、白球がグラブの脇を抜ける。勢い余って内藤にぶつかった高木は、すぐさま立ち上がり、ふたたび三塁へ向かって猛然と走り始めた。

バックアップに来ていた右翼手・岩崎勝己がグラブを出す。次の瞬間、白球が土と芝生の継ぎ目に跳ね、イレギュラーバウンドして岩崎の左肩を越えていった。

ワンバウンド、ツーバウンドしたボールが右翼フェンスまで転がってゆく。まるで芝生の上を逃げるように。ＭＢＳのアナウンサー・水谷勝海が絶叫していた。

「ボールが遠い！　逃げていく！　ボールが逃げていく！」

元木は両手で頭を抱え、グラウンドに両膝をついて突っ伏した。宮田は腰が抜けたようにマウンドにしゃがみ込む。その間に髙木は三塁を回り、高々と左腕を突き上げ、東邦の選手たちが待つ本塁へ帰っていった。

ふたたび、水谷が叫ぶ。

「サヨナラ！　あまりにも可哀相！　みんなしゃがみ込んで起き上がれない」

ＭＢＳとＮＨＫのテレビカメラが、勝って沸《わ》き上がる東邦、負けてうずくまった上宮の選手たちをかわるがわる映し出す。ＮＨＫの西田は感に堪《た》えないように言った。

「勝って泣き、負けて泣く、選抜の決勝！　サヨナラの幕切れでした。野球は本当に何が起きるかわかりませんね」

あとアウトひとつまできて上宮が初優勝を逃したこの試合は、選抜大会史上、最も悲劇的な決勝戦と言われた。宮田が原にセンター前へ同点タイムリーヒットを打たれ、髙木がサヨナラのホームを踏《ふ》むまで、かかった時間は僅かに27秒である。そのあまりに矢継ぎ早で、あっという間に天国から地獄へ突き落とされるような展開は、いまに至るまでほかに例を見ない。

主催者である毎日新聞東京版4月6日付のスポーツ面〈ズームアップ〉には、敗れた宮田の様子がこのように書かれている。

——試合終了後しばらくして虚脱状態から自分を取り戻した時、初めて涙があふれた。それを見た山上監督から「泣くぐらいなら、もっとしっかり投げろ」としかられた。

結局、宮田が試合中に泣いていたことは、マスコミにはまったく報じられなかった。

それから22年たった2011年10月1日の夜、光山英明が東京で営んでいたホルモン焼きの店に、ふと宮田が姿を見せた。

光山は早くから飲食店を営むことを志し、1992年に中央大学を卒業して大阪に戻ると、上宮の先輩が経営する卸酒屋に就職している。ここで10年修業を積んで独立し、ふたたび東京へ乗り込み、2002年に吉祥寺で最初の店をオープンした。それが〈ホルモン酒場　焼酎家「わ」〉である。

宮田は福岡ソフトバンクホークスでチーム付きのスコアラーをやっていた。ホークスの試合が関東地方で行われたその夜、宮田よりもふたつ年上のバッテリーコーチ・的山哲也に連れられてやってきたのだ。

店には、光山の兄・英和、埼玉西武ライオンズの投手コーチ・小野和義が先に来て食事をしていた。このふたりはかつて近鉄バファローズでバッテリーを組んでいた仲で、的山は彼らの後輩に当たる。この近鉄ＯＢの同窓会に、的山がホークスで仲のよかった宮田を誘った、ということらしい。

光山はすでに四十路に入り、宮田も39歳になっていた。どちらもすでに家庭を持ち、顔も身体も年齢相応に丸みを帯びつつある。

「おい、久しぶりやなあ！」

20年以上前、自分と兄が上宮に引き入れた宮田との再会に、光山の声は弾んだ。あとで冷静に振り返ると、宮田の対応が最初から妙にぎごちなかったことに気がついたはずだ。

光山が高校時代の思い出を持ち出しても、宮田の反応はどこか鈍い。戸惑っている光山に、宮田が申し訳なさそうに言った。

「ぼく、昔のこと、よう思い出せんのです。プロに入って、頭を怪我したもんで」

光山は絶句した。

「どんな人がおって、どんな選手で、どんな活躍をしてたんか、そんなんも、いまはほとんどわからないんですよ」

「でも、おれのことは覚えてんのやろ」

うなずいた宮田に、光山は矢継ぎ早に昔の上宮の選手の名前をぶつけていった。あいつはどうや、こいつならわかるか、と。元木、内藤、種田、小野寺、塩路ら、ともに甲子園へ行った先輩や同級生については、それなら覚えています、その人もわかります、という答えが返ってくる。

「そんなら、壬生はどうや」

光山の同級生で、宮田が1年だったとき、よく面倒を見てもらって、しょっちゅうイジられていた先輩投手である。宮田は言った。

「すみません。思い出せないです」

「おまえ、壬生がわかれへんのか」

光山は自分の店がはねたあと、ホークスの宿舎がある浅草まで宮田を送った。ホテルの近くの居酒屋で飲み直そうと誘って、宮田と同じスコアラーの同僚を3、4人合流させると、先輩らしくウイスキーや焼酎のボトルを何本か注文している。

かなりの酒が入って、盛り上がりが一段落したころ、光山はまた宮田に聞いた。

「ところでな、おまえ、高校のときのこと、ホントに覚えてないの」

そう言いながらおもむろにスマートフォンを取り出し、YouTubeにアクセスして、宮田に動画を見せた。そこには、1989年4月5日、選抜大会の決勝戦で、マウンドに立つ16歳の宮田の姿が映っている。

「これは覚えてるやろ、さすがに」

しかし、宮田は首を振った。

「ここに映ってるのが自分やっていうことはわかりますけど」

宮田の同僚のひとりが口を挟んだ。

「宮田さんは大変だったんです。一時は死ぬか生きるか、助かっても障害が残るか、植物人間になるかもしれなかったって、そう言われていたほどだから」

光山は言葉を失った。目の前の宮田は、昔と同じように物静かで、料理をつつき、杯を重ねている。どこかが壊れているようには、まったく見えない。いったい宮田の身に何が起こったというのか。

第1章
エースを襲った二度目の災難
1999年3月21日、福岡ドームの事故

それは、プロ野球の打撃投手がグラウンドで遭遇した中で、最も危険な事故だったかもしれない。裏方の怪我やアクシデントはほとんど発表されないため、客観的に比較できる資料はないが、宮田の災難を知る球界関係者のほとんどが「これほど深刻なケースはほかに聞いたことがない」と口をそろえる。

1999年、プロ野球のオープン戦が行われていた3月、宮田正直は福岡ドーム（2013年より福岡 ヤフオク!ドームと改称）で打撃投手の仕事をしていた。彼が甲子園で投げた記憶を失い、家族やチームの同僚たちの名前もわからなくなるほどの大怪我を頭に負ったのは、このときである。

宮田は上宮高校を卒業後、１９９０年秋のドラフト外でソフトバンクの前身・福岡ダイエーホークスに入団した。

プロでやっていくには身体が小さく、力も足りないと見られていた宮田は当初、社会人に進むことになっており、日本石油（２０１０年よりＪＸ－ＥＮＥＯＳ）から内定をもらっていた。その約束がなぜ反古《ほご》にされ、ダイエーに入団することになったのか、宮田本人も、上宮の監督だった山上烈も、伏せられた経緯については一切語ろうとしなかった。

高校野球ファン、とりわけ関西のファンの間で、宮田のダイエー入りはかなりの反響を呼んだ。現に、日刊スポーツは１９９０年12月８日付大阪版の１面でこのニュースを大々的に伝えている。

しかし、山上をはじめ、上宮時代から宮田を知る誰もが予想していた通り、宮田は結局プロでは芽が出なかった。91年から95年までの5年間で一度も一軍で登板することなく、戦力外通告を受けている。二軍での通算成績はウエスタン・リーグ68試合に登板して９勝８敗４セーブ、防御率３・８４だった。

シーズン終了間際、宮田は二軍監督の有本義明に呼ばれた。

「これからどうするんだ。まだ、やっていく自信はあるのか」

「いえ、もうないです。自信ないです」

有本の質問に、宮田はその場で即答した。それぐらい、この5年間で力の差を痛感していた。素質や体格が劣っているだけでなく、ふだん練習に取り組む態度からしても、自分と一軍の主力選手との間にはあまりに大きな隔たりがあった。

このとき、打撃投手をやってみる気はあるか、と有本に持ちかけられた。ちょうど打撃投手がひとり抜けたばかりで、空きがある。裏方としてホークスに残る気があるのなら、球団に話をしてみよう、というのだ。

ぜひお願いします、と宮田は頭を下げた。そのときの心境を、独特の朴訥《ぼくとつ》な口調と柔らかな関西弁で、こう語っている。

「たとえバッティングピッチャーでも、まだ投げれるっていう喜びがありました。いずれは、どんなに投げたくても投げられなくなるときがくるやないですか。自分のボールでもチームの役に立つんやったら、ぼくとしてもうれしいと思ったから」

球団からの要請もあって、打撃投手の仕事だけでなく、スコアラーの勉強も始めることになった。中心的役割を果たしていた元投手の川根康久、元捕手の山本穰に付いて、野球の見方、試合や選手のどこを見るかを一から教わるのだ。バックネット裏からいかにしてあらゆるところを観察するか。そうして収集したデータを生かし、どのようにチャートをつくっていくのか。宮田が覚えなければならないことは山のようにあった。

ちょうどこのころ、宮田は結婚している。ひとつ年下の妻は野球に疎《うと》く、宮田がかつては甲子園を沸かせた高校野球のスターだったこともまるで知らなかった。その後、彼女との間に、ふたりの娘が生まれている。

本職の投手から打撃投手への転向は、宮田が予想したほど簡単にはいかなかった。たとえ二軍でしか登板したことのない投手であっても、宮田は野球を始めてから23歳になったこのときまで、常に打者に打たれない球ばかり投げようとしてきた。それが、今度は打者が打ちやすい球を、それもなるべく気持ちよく打てる球を投げるよう求められる。つまり、まったく逆の質を持つ球を投げなければならなくなったのだ。

プロの投手としては上背《うわぜい》がなく、腕も短い宮田は、振りかぶったときのテークバックが小さかった。いわゆる「野手投げ」に近い。その独特のフォームで真っ直《す》ぐ、シュート、スライダーを投げ分け、正確なコントロールで打者のタイミングを外し、ときに鋭く内角を抉《えぐ》る。スピードこそないが、そういう巧みで強気の投球が持ち味だった。

だが、打者に打たせるのが仕事の打撃投手となると、当然のことながら、もっとタイミングを取りやすい投げ方をしろ、打ちやすいところへストライクを投げてくれ、と注文をつけられる。宮田は戸惑った。

「やっぱり、イップス気味になったり、投げ方がおかしくなったり。最初のうちは、結構そんなんもあったですね」

宮田の投げ方にはもうひとつ、打撃投手の先輩だった田尻一郎から、絶対に直すようにと指摘された悪い癖があった。ボールを指先からリリースする瞬間、前へ踏み出した左足がインステップして、身体が左側、つまり三塁側へ傾くのだ。

軸足の右足の爪先を打者に真っ直ぐ向けて投げる投手なら、踏み出す左足も真っ直ぐに伸びる。身体も三塁側へ傾いたりはしない。だが、宮田は現役時代から軸足の爪先が前ではなく外側を向いていた。こういう姿勢から左足を踏み出すと、どうしてもインステップしやすく、投げ終わった際に身体が三塁側へ傾きがちになる。

打撃投手は通常、マウンドより１メートルほど手前から打者に投げる。それだけ、強い打球が身体に当たる危険性も高い。だから右投手の前にはＬ字型、左投手の前には逆Ｌ字型のネットが立てられ、投げ終わったときに身体がネットの内側に隠れるように投げる。

ところが、踏み出す足がインステップするフォームでは、投げ終わったときに頭や足がネットの外にはみ出てしまう。そこに打球がぶつかり、打撃投手が怪我をするという事故がたまに起こるのだ。軽い打撲程度ならトレーナーにアイシング等の治療を受ければ済むが、ときには当たりどころが悪くて昏倒《こんとう》するケースも決して珍しくない。

最近では２０１５年、東北楽天ゴールデンイーグルスの打撃コーチ、平石洋介が山形での試合前、打撃投手をしていた最中に打球が頭にぶつかり、救急車で病院に搬送された。幸いにも、打撲と軽い脳震盪《しんとう》で大事には至らなかったものの、その日の試合はベンチ入りメンバーから外れて仙台市内に戻り、自宅で静養している。

1993年には横浜ベイスターズ（2012年より横浜DeNAベイスターズ）の打撃投手・竹田光訓がやはり頭部に打球を受け、入院生活を余儀なくされている。竹田は現役時代、明治大学からドラフト1位で横浜入りしたスター選手で、一時韓国プロ野球に移籍して復帰するという経緯があったことから、この事故はスポーツ紙でも報じられた。退院後は心身の後遺症を球団に考慮されたのか、広報担当へ異動となっている。

宮田が打撃投手になったのは、まだ竹田の事故が生々しい記憶としてプロ野球関係者の脳裡《のうり》に残っているころだった。だから、インステップはするな、足や頭をネットから出さないようにしろと、どこの球団でも打撃投手は再三注意を受けていたのだ。

しかし、インステップする癖を完全に直すことはなかなかできなかった。こういう投げ方が身に染みついてしまうと、インステップしたほうが楽に投げられるからである。

打撃投手は、約20分間で100球以上投げなければならない。それほどのハイペースでそれだけの球数を投げたら、どうしても身体が疲れる。ほぼ毎日だからなおさらだ。そうなると、インステップしてはいけない、打球がぶつかる危険があると頭ではわかっていても、無意識のうちについ投げやすいフォームで投げてしまう。

宮田もまた、その例に漏れなかった。

「田尻さんには、インステップしないようにと言われてました。でも、ずっと癖になっていたというか、そういう形になってたから、最後まで直らなかったような気がします」

そして、1999年3月21日日曜、春分の日の午前中、事故は起こった。午後1時試合開始予定だった阪神タイガースとのオープン戦より、3時間ほど前のことである。

宮田はそのとき、当時まだ若手だった打者のひとりに投げていた。投げ終えた直後、顔が完全に下を向き、L字型のネットから頭がはみ出す。次の瞬間、打者の打ったライナー性の打球が宮田の後頭部に激突した。右耳の斜め後ろのあたりだった。

プロ野球の選手が打つ打球の平均速度は150キロ以上だ。打率3割を超え、本塁打王のようなタイトルを獲得するほどの強打者ともなると170キロにまで達する。それほどのハイスピードで、キャッチボール程度でも身体に当たったら痣《あざ》のできる硬球が、14メートル前後の距離から比較的柔らかい耳の後ろを直撃したのだ。

ひとたまりもなく、宮田は倒れた。大変な激痛を感じた以外、具体的なことはほとんど覚えていない。ただ、周囲の声や物音などには微《かす》かながら反応を示しており、完全に意識を失ってはいなかったようだ。

当たったところからすると、一刻の猶予《ゆうよ》もできない。一分一秒の遅れが生命に関わり、深刻な障害につながる恐れもある。ただちに救急車が呼ばれ、宮田は福岡ドームに程近い福岡記念病院に搬送された。福岡市の自宅にいた宮田夫人にも、球団関係者が電話で連絡を取った。

「ご主人が打撃練習中、頭部に打球を受ける事故に遭《あ》いました。意識はあるので安心してください。これからすぐ福岡記念病院に来ていただけますか」

そう教えてくれた球団関係者の声は非常に冷静だった。夫人を取り乱させないようにという配慮が感じられる。ということは、それだけ予断を許さない事態なのかもしれない、と察しながら、夫人は病院へ向かった。

宮田が搬入されると、すぐに頭部のMRI検査とCTスキャンが行われた。

通常、外部から受けた衝撃によって生じた病変は、脳挫傷《ざしょう》を負った反対側の部位に発生する。検査の結果、宮田の場合も、打球が直撃した右側の反対、左側の後頭部の内部に出血が認められた。MRIとCTの画像を医師が見たところ、出血は小さくなく、いまも続いている。

頭蓋骨の中では、外側から順番に、硬膜、くも膜、軟膜と、3枚の髄膜《ずいまく》が脳を保護している。出血が起こったのは、この3枚の髄膜のうちくも膜と軟膜の間、くも膜下腔《こう》と呼ばれる部位だった。こういう症状は一般的に、脳動脈瘤《りゅう》が破裂して起こるものだが、宮田のように強度の脳挫傷が原因で生じるケースもある。下された診断は、外傷性くも膜下出血だった。

本来なら速やかに集中治療室に入れられ、脳神経外科の専門医による治療を受けるべき状態だった。だが、事故の当日は病院が休日態勢だったため、平日のように通常の対応ができない。宮田はとりあえず空いている病室に入れられ、当直の医師と看護師たちが宮田の容態を見守ることになった。

くも膜下出血はなおも続き、次第に宮田の左側後頭部が腫《は》れてきた。やがて、見た目にもはっきりわかるほど大きくなってゆく。

宮田は激しい頭痛に襲われ、何度も嘔吐《おうと》を繰り返した。頭の中で血腫が膨《ふく》れ、どんどん脳を圧迫しているのだ。こういう状態になると、ふだん人間のホメオスタシス（恒常性）によって一定に保たれている脳圧が上がり、髄膜刺激症状が起きる。嘔吐は、その典型的な症状のひとつだった。

宮田のような右利きの人間にとって、脳の左側は優位半球である。言語中枢を司《つかさど》っており、その人の性格を形作る情緒や記憶なども左側の半球にコントロールされているところが大きい。このまま血腫が大きくなり、優位半球に後遺症が残ると、言語障害のみならず、運動障害にもつながる恐れがある。人格的にもどのような異変を来《きた》すかわからない。

夫人は、不測の事態を考えないではいられなかった。仮に命が助かってもちゃんと手足が動くのだろうか。後遺症でものが言えなくなったりはしないだろうか。

夫人が覚えている限り、初期の治療は点滴だけだったという。こうした場合に使われる鎮静剤、脳圧や血圧を下げるグリセオールが投与されたのだろうが、夫人にそういう専門の知識があるわけもなく、どんな効能があるのかもわからない。病室で頭の腫れた夫を見守っているうち、心細さだけが募《つの》った。

彼女は、当時の心境をこう語っている。

「入院の初日、事故が起こったその日が一番つらかったです。あまりにも突然のことで、私も大変動揺していましたから」

同じころ、福岡ドームでは予定通り、何事もなかったかのように阪神とのオープン戦が行われていた。この年、ヤクルトスワローズから移籍した監督の野村克也が予告していた通り、外野手のスター、新庄剛志を投手として起用し、ファンやマスコミの話題をさらっていた。

事故の翌日から、宮田は個室に移された。当然、夫人や家族とごく一部の関係者以外は面会謝絶とされている。

点滴は続けられていたが、依然としてくも膜下出血は収まっていない。宮田は頭を腫らしたまま、激しい頭痛に喘《あえ》ぎ、何度も何度も嘔吐していた。

そうした最中、医師が夫人に告げた。

「これ以上出血が止まらないようなら、手術をしなければなりません」

医学的に、外傷性くも膜下出血は脳動脈瘤が原因のものより治癒が早いとされている。出血は短期間のうちに収まり、脳組織に吸収されるケースが多い。それでも、医師が手術で血腫を除去する選択肢を考慮に入れ、夫人にも話していたということは、MRI検査の映像に映っていた出血がそれだけ大きかったということだろう。

手術は通常、頭蓋骨にピンホールのように小さな穴を空け、そこに細い管を通し、血腫を抜く。血腫が大きく、抜き取れないほどになっていれば、開頭手術をせざるを得ない。頭蓋骨を開き、脳圧を下げるための減圧術を施す必要がある。血腫が脳幹を圧迫するほどの事態になったら、宮田が呼吸困難に陥り、それこそ命に関わるからだ。

しかし、宮田は激しい拒絶反応を示した。

「手術は嫌や！　手術はせん、せん！」

現役の投手だったころから、手術には抵抗を感じていた。別に明確な根拠があったわけではなく、長年の間に身に染みついた本能のようなものである。野球選手、とりわけ投手は身体にメスを入れたらおしまいだ。調子がよかったころのボールは二度と投げられなくなる。宮田は頑《かたく》なにそう信じ込んでいた。

出血が収まったのはそれから何日かのちのことだった。事故から１週間も経っていなかったはずだと、夫人は記憶している。

とにかく、命だけは助かった。

しかし、まだ安心してはいられなかった。医師が予測し、夫人も懸念していた通り、脳挫傷の後遺症は深刻で、宮田には心身の両面で様々な障害が残った。

まず、右半身が麻痺してしまった。右半身の運動能力を司る左側の脳がダメージを受けたため、身体の右側が言うことを聞かなくなったのだ。ボールを投げるのが仕事なのに、宮田の右手からはボールを握る握力すら失われていた。

当然、最初のうちは、まともに歩くこともできなかった。どうにか自力で立てるようになると、移動式の介護歩行器を使い、病院内の廊下を往復するリハビリに取りかかった。

さらに、視覚にも障害が生じていた。視力は落ちていないが、見える範囲の横幅が狭くなった。視界の端が欠けたと言ってもいい。宮田はリハビリ中の身を押し、福岡記念病院から徒歩で10分から15分かかる眼科にも治療を受けに通わなければならなかった。

もっと深刻だったのが、目に見えない心や神経の障害である。

宮田はこのころ、妻を時々、「お母さん」と呼んでいた。妻の名前をふたりの娘の名前と間違えたりもしている。娘たちにはふたりとも、妻から1字取った名前をつけていたとはいえ、このような大怪我をする前ならあり得ないことだった。

それだけではなかった。ホークスの選手やコーチ、一緒に仕事をしていた裏方の同僚が見舞いに訪ねて来ても、宮田には誰が誰だかわからなくなっていた。顔だけは覚えているのに、名前がどうしても思い出せない。有名な選手やコーチなど、覚えている人間も何人かいたが、絶対忘れるはずがないはずの同僚たちの名前を忘れてしまっていた。

まだある。このころの宮田は、家族や同僚と会話を交《か》わすとき、ひどく子供っぽい口の利き方をしていた。妻を母と勘違いしていたことからもわかるように、認知症に近い状態を見せるようになっていたのだ。

このように社会生活を営む上で支障を来す障害を社会的行動障害という。過去の出来事や同僚の名前を思い出せないのは記憶障害であり、逆行性健忘、及び認知障害の症状、とも考えられる。そして、こうした数々の神経心理学的障害は現在、総称として高次脳機能障害と呼ばれている。

高次脳機能障害という言葉は２００１年、厚生労働省によって公式に使われるようになった。

近年、交通事故による頭部の外傷、脳内部の血管損傷によって、宮田のような神経心理学的障害を負っている人たちはかなりの数に上る。これらは身体の障害と違い、一見しただけではわかりにくいため、見えない障害、隠れた障害とも言われている。

そうした障害があるために社会復帰が妨《さまた》げられたり、経済的に困窮したりするケースも増加している。このような社会情勢に鑑《かんが》み、厚労省が行政上の疾患区分として新たな名称とカテゴリーを導入したのだ。それが高次脳機能障害である。

以後、埼玉県所沢市の国立障害者リハビリテーションセンターの高次脳機能障害情報・支援センターをはじめ、全国各地にこの障害専門の医療・リハビリ機関や相談窓口が設けられた。一般社団法人として高次脳機能障害ネットワークも設立され、電話、メール、ＳＮＳなどでの相談が可能になり、様々な援助を受けられるようになっている。

宮田が外傷性くも膜下出血に見舞われた１９９９年、高次脳機能障害という言葉はまだ使われていない。そういう疾患の名称が制定された2年後だったら間違いなく、専門機関の認定を受け、様々な支援を受けられる対象となっただろう。つまり、宮田が遭った事故は、このように一般社会においても脳の障害と後遺症が重要な問題になりつつあったころの出来事だったのである。

脳に障害を抱えると、身体のリハビリだけでなく、脳の回復具合を確かめるため、知能テストのような様々な検査、心や神経のリハビリも受けなければならない。例えば、代表的な記憶障害の検査方法のひとつ、RBMT（リバーミード行動記憶検査）である。

この検査では30分間で9個ぐらいの質問が行われる。最初、2枚の人間の顔写真を見せられ、それぞれの姓名を告げられる。時間を置いてからまた顔写真を見せられ、それぞれの姓名を覚えているかと聞かれる。あるいはまた、動物や果物などの絵が描かれたカードを見せられ、やはり時間を置いて何が描かれていたかを質問される。そうした検査で採点が行われ、障害がどの程度まで回復しているか、日常生活を営む上でどのくらいの支障が残っているかが判断されるのだ。

しかし、宮田は最初のうち、誰でもわかる犬や猫のような動物でさえ、なかなか名前が出てこなかったという。ようやく、ある程度ちゃんと答えられるようになったころだっただろうか、担当の医師にこう言われた。

「うん、だんだん頭がよくなってるね。治るころには、昔よりもっと頭がよくなってるかもしれないよ。どこがどうよくなるかはわからないけど、そういう例もあるから」

そうか、おれの頭がよくなるのか、と宮田は思った。どんなふうによくなるんだろう、漢字も英語もろくすっぽ読めない野球バカのこのおれが。そんな想像をめぐらすことも、格好の心のリハビリになったかもしれない。

やがて、途切れ途切れにではあるが、宮田の脳裡に、様々な記憶が蘇《よみがえ》ってきた。

これは恐らく、宮田にチームのことを思い出してもらおうと、毎日のように見舞いに足を運んでいた選手、コーチ、裏方ら同僚たちのおかげだろう。その中にはもちろん、練習中に心ならずも宮田の後頭部に打球を当ててしまった選手も含まれている。

「選手会のみなさんには非常に手厚い援助をしていただきました。ぼくのように選手から裏方に回った人間でも、選手だったころと何の変わりもなく心配してもらえるのがうれしかったです。それは何も、ぼくだからとか、ああいうアクシデントだったからというわけではなくて、ホークスがそもそも、そういう温かいチームだから、なんですけど」

入院したばかりのころ、宮田の元へ真っ先に駆けつけてくれたのは若井基安だった。

PL学園高校、法政大学、日本石油を経て1987年秋のドラフト2位でダイエーの前身・南海に入団したベテランである。奇《く》しくも、宮田が怪我をした99年を最後に引退し、その後はスカウトとして柳田悠岐《やなぎたゆうき》を担当、三軍の打撃コーチに就任して若手の育成に尽力するなど、面倒見のいい人柄で知られていた。

宮田は入団したばかりのころ、この若井に厳しく躾《しつ》けられた。

「どんなときも挨拶を忘れるな。人間、まず大事なのは礼儀だ。プロ野球選手である前に一社会人なんだからな」

小言を言われるばかりでなく、よく食事をご馳走され、プロとして生きていくための心構えを懇々《こんこん》と諭された。そんな若井は、宮田が芽の出ないままに戦力外通告を受け、裏方の打撃投手になってからも何かと気にかけてくれていたのだ。

チームリーダーだった小久保裕紀も、よく病室に来ては宮田を励ましている。宮田よりひとつだけ年上で、年齢が近いことに親しみを感じていたのか、入院中に読書をする習慣をつけるよう熱心に勧めてくれた。

「せっかく時間があるんだから、たくさん本を読め。本は人間を豊かにしてくれるぞ」

そうした中、宮田にとって最も忘れがたいのは、自宅が病院の近所だからと何度も足を運んでくれた藤井将雄である。藤井は兄貴分肌で知られ、福岡ドームから程近い彼のマンションは、若い選手たちが立ち寄っては野球談義に花を咲かせたり、悩み事を相談したりする溜まり場となっていた。

1994年秋のドラフト4位で日産自動車九州から入団した藤井は、4年目の98年から右のセットアッパーとして頭角を現す。宮田が外傷性くも膜下出血を起こす事故に遭った99年には26ホールドをマークし、当時のパ・リーグ最多記録まで樹立した。

しかし、その年の夏ごろには体調を崩し、肺がんにかかっていたことが発覚する。その99年のシーズンオフ、優勝パレードの直後に入院、翌２０００年のシーズンオフには31歳という若さで帰らぬ人となった。藤井は毎日のようにチームのために登板しながら、重篤な病にかかった身を押してまで、宮田を心配して何度も見舞いに来てくれたのだ。

宮田の入院中、夫人は毎日付き添って介護を続けながら、いつかはよくなる、必ず元気になってくれる、と念じていた。宮田が入院したばかりのころは、長女が怪我で、次女も不明熱で、それぞれ別の病院に通っており、一日に３軒もの病院を回らなければならなかった。心身の疲労は大変なものだったはずだが、そういう大変さが増せば増すほど、かえって冷静になれたという。

「これといって現実的な根拠があったわけではないんですけど、大丈夫、大丈夫、絶対に大丈夫だと、自分に言い聞かせていました。５年か10年も経ったら、いまのつらいこともみんな笑って振り返れるようになるはずだって。早くそういう日が来ないかなと、そんなことを考えてましたね、あのころは」

とはいえ、つい弱気になったこともある。宮田の前では決して泣かなかったが、親しくしている球団関係者が見舞いに来て、宮田の近況や将来のことを話していると、ふと涙がにじむ自分を抑えきれないこともあった。

だから、神頼みも欠かさなかった。

宮田の容態は安定期に入り、様々な障害も少しずつよくなりつつあった。福岡記念病院は介護の施設や態勢が行き届いており、夫人が夜まで泊まり込む必要はない。そこで彼女は、面会時間のぎりぎりまで夫に付き添ってから病院を出ると、御百度参りに出かけた。

病院からの帰り道、九州大学病院の前に崇福寺という寺がある。臨済宗大徳寺派の寺院で、ここに祀《まつ》られた旭地蔵尊は御百度の地として知られていた。このお地蔵様なら御利益があるから、と知人に勧められたのだ。

夫人は毎日のように地蔵尊に参り、宮田の回復を願って手を合わせた。ただ、御百度参りをしていたことは、宮田本人には明かさなかった。しゃべったら御利益が薄れるような気がしたのかもしれない。

入院してから1ヵ月半近く経ち、4、5月の大型連休が明けたころ、初めて外泊許可が出た。これはくも膜下出血が脳に吸収され、再発する恐れがなくなったことを意味する。右半身の麻痺、視界が狭くなった視覚障害はまだ残っていたものの、週末に自宅で過ごすことができるようになると、身体的な障害は目に見えて解消されていった。

そして、夏に入る前、宮田はようやく退院した。まだ当分の間、通院とリハビリを続けなければならないが、くも膜下出血は外傷性の場合、半年でほぼ完全に回復する。最悪の危機は脱したと言ってよかった。

ただし、高次脳機能障害、つまり見えない障害のほうは依然として残っていた。

退院後、久しぶりに宮田に再会した多くの人たちが、彼のしゃべり方に違和感を覚えている。言葉を発すると子供っぽくて舌足らずになったり、話している最中にもふと会話が途切れたりするところが、改めて宮田の遭遇した事故の深刻さをうかがわせた。

夏から、宮田は雁の巣球場に通い始めた。東区奈多の福岡市雁の巣レクリエーションセンターの中にあり、当時ダイエーの二軍が本拠地としていた球場である。二軍の投手だった1995年までの5年間、毎日のように汗を流していたこのグラウンドで、今度はリハビリのためにウォーキングとキャッチボールをすることになった。

そんな宮田の姿を見かけるたび、チームの友人や同僚が声をかけてくる。彼らの挨拶に答え、会話を交わしているうち、自然に以前と同じようなしゃべり方が戻ってきた。

入院中は見舞いに来られても思い出せなかった人の名前も、雁の巣で会っているうち、ごく自然に頭に浮かんできた。少しずつ以前の宮田が戻ってきたと、ホークスの同僚たちは感じていた。宮田自身もまた、本来の自分を取り戻しつつある手応えを得ていた。

しかし、昔の記憶だけは、なかなか戻ってこなかった。上宮高校時代に自分が甲子園や大阪予選で投げた映像なら、自分も実家の親もいくつかビデオを保存している。それらを引っ張り出しては何度も繰り返し見て、少しずつ記憶が蘇ってきた試合がある一方、どうしても思い出せない試合も少なくなかった。

通常、脳の損傷を受けた部分が一定の状態に落ち着くと、記憶の欠損もそのままになるケースが多い。10年、15年と時が経ち、年齢を重ねると余計に思い出せなくなる。さらに脳が老化して記憶力が衰えれば、もっと多くのことが頭の中から抜け落ちていくだろう。

宮田はもう一度、グラウンドで働きたいと思った。またユニフォームを着て、ホークスの選手や同僚たちと汗をかき、泥にまみれ、白球を投げる打撃投手の仕事がしたかった。

宮田と同じく頭部に打球がぶつかって入院した横浜の竹田光訓は退院後、打撃投手には戻らず、広報担当に異動となっている。心身への影響を考えるなら、宮田もこの際、球団職員として別の仕事を選ぶべきなのかもしれない。少なくとも、妻や娘たちはそのほうが安心できる。もちろん、チームの同僚や球団の上司にとっても。

しかし、宮田はもっと投げたかった。

「投げられるうちは投げたいと思いました。これからもっと年を取ったら、投げたくても投げられなくなるんですから。それまでは投げていたい」

怖くなかったのか。あれほどの事故に遭えば、打球が怖くて打撃投手ができなくなってもおかしくはない。いや、むしろ、やりたくないと思うのがふつうだ。そう聞くと、宮田は穏やかな表情で淡々と答えた。

「怖かったです。最初のうちは打球をよけることばかり考えていました」

それでも、宮田は打撃投手を続けたかったのだ。

第２章
ボーイズリーグのでっかいやつら
女房役・塩路厚、好敵手・犬伏稔昌

宮田正直は、１９７２年７月31日、大阪府松原市に生まれた。松原市は両隣が大阪市と堺市に接しており、双方の中心部への交通の便がいいことから、ベッドタウンとして発展したところである。人口は約12万人で、宮田の小さなころから少年野球が盛んだった。

父親は実家で玉子の卸売業を営んでいた。母親も働き者で、70歳を過ぎたいまでも製菓会社でアルバイトを続けている。２歳年上の姉がひとりいて、宮田は長男である。

民放のテレビ放送がまだ地上波だけだった70年代から80年代、プロ野球のシーズン中は毎晩のようにどこかのチャンネルで読売ジャイアンツの試合が全国中継されていた。宮田の父親も熱心な巨人ファンだったので、子供のころは一緒にテレビで巨人戦を見る機会が多かった。また、家が近鉄沿線にあり、藤井寺球場にも近かったため、成長するにつれて友だちと近鉄バファローズの試合も見に行くようになる。こうして、この時代のごくふつうの家庭に生まれ育った男の子たちと同様、自然と野球に馴染《なじ》んでいった。

初めてボールを投げたり打ったりするようになったのは、松原市立松原西小学校の2年生だったころだ。最初はソフトボールだったが、4年生になると早くも、宮田の子はなかなかいい球をほうっている、と親たちの間で噂《うわさ》になる。そこを、地元のボーイズリーグのチーム、オール松原（のちに松原ボーイズと改称）の関係者に目をつけられた。

ボーイズリーグは正式名称を公益財団法人日本少年野球連盟といって、小学生のリトルリーグ、中学生のリトルシニアと双璧を成す少年野球団体のひとつである。アメリカ合衆国に本拠を置き、55年ごろ渡来したリトルリーグの向こうを張って、南海ホークス（のちのダイエー、ソフトバンク）の監督だった鶴岡一人の提唱により、70年に発足した。

東日本、中日本、関西、中四国、九州と、全国が5つのブロックに分けられ、約40ヵ所の支部と約700のチームが存在する。大阪府松原市のオール松原は関西ブロックの大阪中央支部に属しており、宮田が参加した当時の会長だった藤田英輝はのちに日本少年野球連盟の会長まで上り詰めた。そうした沿革や成り立ちからもわかるように、ボーイズリーグは関西が本場といわれ、輩出したプロ野球選手の数もリトルリーグより多いと強調する関係者もいる。

塩路厚は宮田よりも一足先に、小学2年からオール松原に入団していた。1972年10月24日に生まれて8年、同じ松原市の市立中央小学校に通っていたころである。

それだけ早く本格的に野球を始めたのは、彼の父親が高校まで野球をやっていて、息子に野球を教えるのに熱心だったためらしい。宮田が上宮高校でともに戦った選手たちの中では、塩路が一番古いつきあいで、一番早く宮田の評判を聞きつけたチームメートだったということになる。

当時は塩路自身、オール松原だけでなく、大阪中央支部全体でひときわ目立つ存在だった。小学生だったこのころから、身体が頭抜けて大きかったからだ。四十を過ぎたいまも187センチ、80キロの体軀《たいく》を誇る塩路が言う。

「小学6年で160は超えてたと思います。学校でもボーイズでも、整列したら一番後ろで、ぼくだけボコッと頭が突き出てるというか、そういう子供やったですね」

昔もいまも「小学生の野球は170の子がひとりいたら勝てる」と言われる。それほどの上背があったら、投手をすればたいていの子供を易々《やすやす》と抑えられるし、打者をやればたいていの子供が投げる球を楽々と打ち返せるからだ。おかげで、このころの塩路は打っては4番、守っては投手も捕手もやって、さらにキャプテンとしてチームを引っ張っていた。

「そのころは野球がうまかったというより、身体でやれてたんです」

宮田がオール松原にやってきたのは、小学4年の終わりごろ、5年に上がる少し前の冬だった。監督やコーチにはすごい子が来ると聞かされていたが、しょせんはソフトボールだし、実際に会ってみたら身体は小さいし、大したことないだろうと、最初のうちはタカをくっていたという。

ところが、宮田と初めてキャッチボールをした途端、塩路は驚いた。衝撃を受けた、と言ってもいい。

「重たいんですよ。もう何か、鉄の球みたいにズシンとくる。キャッチボールからして、受けたときの感触が違いました。とても小学生の球やない。おお、すごい球を投げるピッチャーやなあ、と思って、そのときの印象はいまだに忘れられません」

しかも、コントロールが抜群にいい。小学生ならある程度ストライクが取れるだけでも十分に評価されるが、宮田の制球力はそんなものではなかった。キャッチボールでは絶対胸元を外さず、投球練習になるともっと正確にミットを構えたところへ投げ込んでくる。

球速はずば抜けて速かったわけではない。実際、上宮高校に進んでからも、宮田の直球の平均速度は140キロ台前半にとどまっている。が、ピッチングはスピードがすべてではない、宮田にはそれ以上のものがあった、と塩路は強調する。

「あの重さ、あのコントロールがあったら、そんな剛速球でなくても打たれないんです。これはむしろ、小中学生のころより、大人になって実感しましたね。宮田よりスピードやキレがあるピッチャーでも、リードするのに結構苦労したんです。とくに、高校を出て、大学、社会人に進んでから」

塩路は上宮高校を卒業後、関西大学、河合楽器製作所で野球を続けている。大学生や社会人になると、宮田以上の直球のスピードや変化球のキレを誇る投手は少なくなかった。実際、塩路がバッテリーを組んだ中には、プロ入りしてそれなりの実績を残した投手もいる。

例えば、関大の1年後輩には岡本晃というサイドスローの投手がいた。95年、関西学生リーグの春季リーグ戦で6勝を挙げて優勝に貢献、通算39試合で16勝6敗、防御率1・73という好成績を残し、その年の秋のドラフトで近鉄に逆指名入団している。2年目の97年に先発ローテーションに入ると、自己最高の10勝6敗、パ・リーグ2位の防御率2・82をマークした。

河合楽器の同期生には左腕のエースだった佐藤康幸がいる。96年の京都市長杯争奪野球大会で優勝投手となり、MVPを獲得、その年の秋にドラフト6位指名を受けて中日ドラゴンズに入団した。プロでは椎間板ヘルニアのために実働4年と短命に終わったものの、2年目の98年には左の中継ぎとして20試合に登板、2勝を挙げている。

プロで残した数字を見る限りは、5年間で一度も一軍に上がれなかった宮田より、岡本や佐藤のほうがはるかに上だ。また、当時の関西学生リーグや都市対抗で、塩路が打者として対戦した中にも優れた投手は大勢いた。

「でも、コントロールの精度はやっぱり宮田が一番です。いつも狙ったところにきっちり決められる。それはもう、ほかのピッチャーとは全然違う。スピードやキレはプロで通用しなかったとしても」

塩路にとって生涯で最高の投手とは、当時もいまも宮田ひとりなのである。

宮田がオール松原に入ったとき、それまで一緒にソフトボールをやっていた安部清治という同い年の内野手も一緒だった。そして、5年後には塩路も含めた3人がそろって上宮高校に入学する運命にあるとは、このときはまだ本人たちは知る由《よし》もない。

一緒に練習を重ねているうち、塩路は宮田と性格が似ていることに気がついた。ふたりともどちらかと言えば内気で、人見知りするところがあり、ふだんは口数も少なく、余計なことを言わない。だからなんとなく波長が合ったのか、互いに打ち解けてくると、宮田の名前が正直だったので、塩路は宮田をマサと呼ぶようになった。

宮田と塩路がそろって小学5年に上がり、本格的にバッテリーを組んだ83年から、いよいよオール松原の快進撃が始まった。

ボーイズリーグの試合は学校の授業がない日曜に行われる。一日2試合やることも多いが、投手は肩、肘を壊さないよう2試合連投してはいけない決まりがある。そこで、最初の試合に宮田が投げて勝ったら、次の試合では投手と捕手が入れ替わり、宮田がマスクをかぶって塩路が投げる球を受けた。

宮田が球の重さとコントロールの正確さで相手打線を抑えると、塩路が巨体を利した力ずくの投球でピシャリと封じ込む。このバッテリーがそろって上宮高校に進学するまで、大阪のボーイズリーグにその名を轟かす強豪となったオール松原の前に、敢然と立ちはだかったチームがあった。

それが、主砲・犬伏稔昌《いぬぶしとしあき》率いる若江ジャイアンツである。のちに近大附属高校でも４番を打ち、３年だった１９９０年の第62回選抜高校野球大会で甲子園に初出場、見事に全国制覇を成し遂げた。超高校級のスラッガーと騒がれ、その年の秋に西武ライオンズにドラフト３位で指名された選手と言えば、覚えているファンもいるはずだ。

犬伏は宮田や塩路より早く、１９７２年４月24日に東大阪市で生まれた。生家は生駒山を望む若江にあり、周囲には田畑が多く、小学校に上がる前は稲の切り株が残る田んぼで３歳年上の兄と野球をしていたという。野球というよりは、まだ真似事のボール遊びの域を出ていなかったが。

父親は八百屋を営んでおり、近鉄の熱烈なファンで、犬伏も毎週日曜になるとよく球場へ連れて行かれた。宮田が足を運んでいたのは藤井寺球場だが、犬伏親子が通っていたのは大阪市・森ノ宮にあったもうひとつの本拠地球場、日生《にっせい》球場（正式名称は日本生命球場）のほうである。

プロ野球観戦に出かける前日、父親は新聞の折り込み広告のチラシをハサミで細切《こまぎ》れにしていた。これをビニール袋に詰めて球場に持っていき、近鉄が点を取るたびにスタンドで紙吹雪をパーッと投げ散らかすのだ。そういうことの大好きな、いかにも関西人らしいプロ野球ファンだった。

犬伏が入団したボーイズリーグの若江ジャイアンツには、当時近鉄の主力だった選手がよく少年野球教室の指導に来てくれた。鈴木啓示、梨田昌孝、羽田耕一、佐野勝稔など、このころ直《じか》に接した選手のことはいまも鮮明に覚えているという。

犬伏が若江ジャイアンツで本格的に野球を始めたのも宮田や塩路より早く、東大阪市立若江小学校に入学したばかりのころである。このチームには兄が先に入っており、母親について練習や試合を見に行っていたところ、コーチが母親にこんな声をかけたのだ。

「お母さん、稔昌くんにも野球をやらせたらどうや。この子、肥満児やから」

母親は当初、やんわりと断っていた。兄はもう小学4年だからいいとして、弟に小学1年から硬式野球をやらせても大丈夫か。怪我をしたり、身体を傷めたりしないだろうか、そこが心配だったらしい。

しかし、当の犬伏は野球をやりたい、どうしてもやりたいと言って聞かない。そこまで言うのなら、兄も同じチームにいるのだし、やらせてみても構わないか、と母親が傾くのに大して時間はかからなかった。

ポジションは捕手である。以来、近大附属高で一塁手をしていた時期を除くと、犬伏は捕手をしていた西武ライオンズで引退するまで捕手一筋だった。裏方に回ってからも5年間ブルペン捕手をやっているほどだ。

そういう野球人生を送ったそもそものきっかけは何だったのだろう。なぜ最初から捕手だったのか。そう尋ねると、犬伏は苦笑いを浮かべた。

「いや、ただ単に身体がでかいから。肥満児で背も高かったし、少々のボールなら身体で止められる。それだけです、ホントに」

そう言う犬伏の体格は現在182センチ、90キロだ。身長は塩路より5センチ低いが、15年間もプロ生活をしているだけあり、身体の厚みと逞《たくま》しさは負けていない。

ボーイズリーグの小学生では犬伏と塩路が頭抜けて大きかった。だから、それぞれ違う小学校に通い、口を利いたことがなかったにもかかわらず、互いの存在を小学校低学年のころから認識していた、と塩路は言う。

「小学校では、ぼくと犬伏がホントに背丈で抜けてましたからね。犬伏は182ぐらいで止まったようですけど、当時はぼくより大きかった。たぶん、小6で170近くあったんじゃないかな」

この話を犬伏に確かめると、実際に168センチぐらいには達していたという。

「それだけ大きいと、バッティングも当たればほかの子よりずっと飛ぶんですよ。おかげで、当時はよく敬遠されました」

この話を、今度は塩路に確かめてみた。

「ええ、宮田以外のピッチャーが投げる試合では、よく犬伏を敬遠しました。ここという勝負どころでは、満塁でも歩かせてますね。下手《へた》すればホームランで4点取られるところが、押し出しの1点ですむんで」

先にも書いた「小学生の野球は170の子がひとりいたら勝てる」とはこういうことである。犬伏は何度も何度も歩かされるので、生来の右打ちから左打ちに変えようと考えたこともあったほどだ。

「よくプロの左バッターの真似をしてましたよ。巨人の吉村（禎章）さんとか、（ウォーレン・）クロマティとか」

しかし、そんな犬伏の力をもってしても、宮田だけはなかなか打てなかった。彼が打者として打席から見た宮田の球の印象は、捕手だった塩路のそれとはまた異なる。スピードはそれほどでもなかった、と振り返った塩路に対して、「速かった」と言うのだ。

「とにかく速かった。ポッチャリ型やのに、東尾（修）みたいな投げ方でガンガン内角にきてね。どうやって打とうかなと考えてる暇もない。それぐらい速かったです」

東尾とは言うまでもなく、通算251勝を挙げた昭和の大投手だ。1968年に西鉄に入団し、太平洋クラブ、クラウンライター、西武と親会社や経営母体が変わる中、ライオンズ一筋の現役時代を過ごし、スリークォーターのフォームから内角を攻める強気のスタイルで鳴らした。

宮田といえば、東尾みたいな投げ方をしている。そういうイメージは上宮高校に進んでから一層強くなり、やがては宮田本人も東尾に憧れていた、などとスポーツ紙に書かれるようになる。

しかし、宮田本人は首を捻《ひね》った。

「それはないと思います。小学生のころは、テレビで巨人戦、藤井寺では近鉄の試合ばっかり見てましたから」

この小学生時代、犬伏の所属する若江ジャイアンツにも、宮田の向こうを張るエースが登場した。小学4年から近大附属高まで10年近くもバッテリーを組み、1990年の選抜大会でエースとして優勝に貢献した後藤章浩である。いまでも個人的な親交は厚く、すでに30年以上のつきあいになる。

オール松原が宮田と塩路のチームならば、若江ジャイアンツもまた後藤と犬伏のチームであった。ボーイズリーグの大阪大会が行われるたび、両チームが1回戦でトーナメントの両端にいても、オール松原は宮田が抑えて塩路が打てば勝ち、若江ジャイアンツは後藤が抑えて犬伏が打てば勝つ。それぞれがそうやって勝ち上がり、準決勝か決勝で必ずぶつかる。またそのたびに、お互いが別々の場所で「またか」と言い合っていたのだ。

「とにかく小中学時代はなんべんもなんべんもやってました。どっちがどれだけ勝ってるか、いまはもうよく覚えてないぐらい」

そう話す塩路の記憶によれば、小学6年の対戦成績ではオール松原が若江ジャイアンツに勝ち越していたはずだという。とくに夏の全国大会予選、大阪大会の決勝でぶつかった試合が忘れがたい。犬伏に本塁打を打たせず、逆に自分が本塁打を打って勝ったからだ。

全国大会でも決勝に進み、大阪球場で行われた試合では惜しくもサヨナラ負けしたものの、年間の勝利数で当時のボーイズリーグの記録を更新した。いまでも大切に保管しているこの年の優勝メダルは十数個、準優勝のものは2個しかない。

しかし、犬伏によれば、小学校時代のトータルの対戦成績はこちらが若干上だった、という。これについては私の取材を受ける際、後藤にも電話して確かめたそうだ。優勝回数自体もこちらが上で、決してオール松原には負けていなかった、と犬伏は強調する。

「実はね、当時、宮田のピッチングには疑惑があったんですよ」

若江ジャイアンツは宮田を攻略するため、オール松原と直接対戦した試合、オール松原が別のチームと対戦した直近の試合をビデオで撮影し、監督、コーチ、選手みんなで見て対策を練っていた。犬伏が後藤の家に行ってそのビデオを見ていたとき、宮田の投げ方に妙なところがあることに気がついたのだ。

「シュート投げてんと違うか、こいつ」

宮田はボールをリリースしたあと、腕が真っ直ぐ下へ流れず、横へ不自然に曲がることがあった。宮田はどうやらシュートを投げている、しかも意図的に投げているらしい、と思わないではいられなかった。

ボーイズリーグは小学生に変化球を投げることを禁じている。2日連続での投球を禁止しているのと同様、肩、肘を壊さないようにという配慮によるものだ。小学生は真っ直ぐしか投げてはいけないのである。

これがスライダー回転なら、ナチュラルに変化するのも理解できる。小学生はまだ手が小さいため、硬球をしっかり握って指に引っかけることができず、直球を投げたつもりでもスライダー回転して外へ流れるのだ。いわゆる「真っスラ」というやつである。

「しかし、シュート回転は違います。ましてや、あのころの宮田みたいに、あんなふうに腕が曲がるなんて、ふつうはあり得ない」

宮田はやはり、真っ直ぐに秘かにシュートを混ぜているのではないか。犬伏はそういう疑惑を拭いきれなかった。

「裏を返せば、それぐらい宮田はすごい球を投げるピッチャーだったということでもありますけどね。ぼくらがつい、そういう疑惑を抱いてしまうぐらいに、ね」

犬伏の指摘した疑惑は真実なのか。宮田に聞くと、それは「真っシュー」だという苦笑交じりの答えが返ってきた。

「真っ直ぐがシュート回転しただけやと思いますよ。少年野球やもん。わざとシュートを投げるなんてことやってません。そんなん、犬伏もよう覚えてますね」

宮田と塩路、後藤と犬伏が中学に進むと、彼らの対決はレベルが上がり、迫力を漂わせ始める。宮田の球も威力と精度を増し、ピッチングに磨きがかかる。やがてチームの関係者や親たちばかりでなく、評判を聞きつけた別のチームの選手や指導者たちも試合を見にくるようになった。

そうした大勢の観衆の中に、宮田たちより2歳年上の光山英明もいた。

光山は大阪市生野区出身で、1970年4月16日に生まれている。当時は吹田市の千里丘陵で日本万国博覧会、いわゆる大阪万博が3月15日に開幕したばかりで、大阪中が万博景気に沸き立っていた最中だった。

父親は水道の蛇口を製造する町工場の社長をしていた。若いころから身体を動かすことを好み、野球をはじめいろいろなスポーツをやっていたという。光山は3人兄弟の末っ子で、ともに野球をやっていた8歳上の長兄、5歳上の次兄に倣《なら》い、小さいころからボール遊びに親しんでいた。

先に書いた通り、次兄の英和はのちに近鉄に入団、正捕手に成長してエースの野茂英雄とバッテリーを組み、一躍その名を全国的に知られるようになる。

光山は小さいころから、その英和に野球の手解《てほど》きを受けて育った。5歳離れているので同じチームに所属したことはないが、小学4年で入団したボーイズリーグのチームは大阪生野ボーイズ、甲子園を目指した高校は上宮と、自然に英和と同じコースを辿《たど》っている。ポジションが捕手で、上宮ではキャプテンを務めたところまで英和と同じだ。

もっとも、力はもちろん、体格でも英和にはまったくかなわなかった。178センチ、78キロと、中学生としてはそれなりの身体をしているのに、英和のそばにいるとどうしても一回り小さく見えてしまう。この兄は186センチ、100キロと、塩路や犬伏に優るとも劣らない大男だったから。

そんな大きな兄を慕う光山は、上宮高校に進む直前の84年、近鉄の二軍の練習にも参加したことがある。ウエスタン・リーグの試合が終わったあと、新人の英和が球場に残ってキャッチングやスローイングを練習している姿をベンチで見ていたら、コーチに「おまえも一緒にやってみろ」と言われたのだ。

ボールをほうられ、光山がそつなく受けて見せると、そのコーチにこう言われた。

「おまえんとこのエース、左ピッチャーか。受け方見たらわかるわ」

その通りだった。光山はそのころ、左投手が右打者に投げ込んでくるクロスファイヤーのキャッチングに長《た》けていて、秘かに自信を持っていたのだ。そんなこともプロは一発で見抜いてしまうのか。感嘆した光山はもっとプロの技術を吸収しようと、それから何度か英和について二軍の練習に通ったという。

そんな光山が入っていた大阪生野ボーイズは大阪阪南支部で、オール松原や若江ジャイアンツの大阪中央支部ではない。そんな地域間の距離を超えて、宮田の評判は光山にも聞こえていた。そうなるともう、自分の目で見たくてたまらなくなった、と光山は言う。

「ふたりの対決はいっぺんだけやなく、なんべんも見に行きました。あの時代の大エース宮田、4番の犬伏と言えば、大阪のボーイズリーグ全体を代表するほどの存在になってたんでね。彼らがやるとなると、どこのグラウンドでも結構な人が集まったくらいです」

中学に上がってから変化球が解禁になっても、宮田はほとんど変化球を投げていない。本人の言う「真っシュー」に少しだけ曲がるスライダーが増えた程度で、相変わらず真っ直ぐ中心、制球力重視で、勝負どころにくると強気に内角を突く。塩路と同じ捕手の光山は、何よりもその抜群のコントロールに目を見張った。

「スピードはめっちゃ速いわけやないんですけど、東尾さんそっくりの投げ方で（ストライクゾーンの）四隅にパチーン、パチーン、パチーン、パチーン！　とくる。こらすごいわ。並のバッターじゃとても打てんと思いました。そのまま高校でも通用しそうでしたし、実際に通用したんやないかな」

そんな宮田を見るために、高校野球の強豪校の監督も視察に来るようになった。宮田や塩路だけでなく、後藤と犬伏も素材としては一級品だ。彼らが中学2年になるころには、大阪府下はもちろん、中京地区の高校もスカウトに足を運んできたという。光山の見立てによれば、多いときで30校から40校の関係者が来ていたらしい。

光山は宮田より2年早く、上宮高校に一般入試で入学している。上宮ではこの年の2年ほど前からスポーツ推薦入試制度を導入しており、光山もその枠に入れられる予定だったが、光山はあえて自ら一般入試を希望した。

スポーツ推薦で入れる生徒は12人から13人で、野球部はその中の3、4人だ。それなら自分が一般入試に回り、推薦枠をひとりぶん空ければ、野球部がもうひとり有望な選手を獲れるから、と考えたのである。

これはもちろん、光山が一般入試に受かるだけの学力があったからこその決断だった。上宮は浄土宗知恩院派が1890年に創立した浄土宗教校が前身で、大阪の私学で最も歴史が古い名門校である。校内の図書館は5万冊以上の蔵書を誇り、大阪大学や京都大学をはじめ、優秀な大学へ進んでゆく卒業生も多い。光山には、そういう高校へ学力だけで合格できる頭があった、ということだ。

母校愛が強かったんですね、と言ったら、照れたように笑った。

「まあ、そうですね」

宮田と塩路が中学に上がると、オール松原は対戦成績で若江ジャイアンツをジリジリと引き離し始めた。後藤が力を落とし、犬伏が打てなくなったわけではない。チームの戦力に差がついてきたからだ、と犬伏は言う。

「オール松原は、宮田と塩路以外の選手が力をつけてきたんです。ボーイズリーグの投手は連投ができないから、2番手の投手に力がないとどうしても不利になる。その点、松原はウチより層が厚くて、塩路以外にも打てるのが多かった。宮田も、打席に立ったら結構打ちましたから」

もちろん、その宮田が腕を上げていたことも確かである。犬伏が打席に立つと、宮田はいつも以上に闘志を剝《む》き出しにしてシュート気味の直球を内角へ投げ込んできた。

「このころになると、メチャメチャ負けん気の強さを前面に出してくるわけですよ。あのちっちゃい身体で、ズバズバ内角に来てね。おれはここに投げなきゃ抑えられないんだ、負けてたまるかって言わんばかりで。ホントに東尾さんみたいでしたよ」

そう言う犬伏だけでなく、光山の証言にもあった通り、このころにはボーイズリーグや高校野球の関係者の多くが、宮田を東尾修と重ね合わせて見るようになっていた。のちに宮田が上宮のエースとなったころ、「憧れは東尾さん」と言ったとスポーツ紙に書かれたのは、そんなボーイズリーグ時代からのイメージが徐々に増幅されていったためではないだろうか。

宮田の負けん気の強さに関しては、女房役の塩路にも忘れられない試合がある。

ふたりが中学3年だった1987年、ボーイズリーグの全国大会の1回戦でのことだ。相手は埼玉県支部のオール草加（のちに草加ボーイズと改称）で、エースはのちに東海大学付属甲府高校に進んで90年の選抜大会に出場した榎康弘である。その年の秋のドラフト6位でロッテオリオンズ（のちに千葉ロッテマリーンズ）に入団、実働8年と短命に終わるも、通算10勝を挙げた実力の持ち主だ。

大会屈指の好投手同士の対決だけに、試合前から宮田が持ち前の負けん気を燃えたぎらせていたのは想像に難くない。その榎の態度が癇《かん》に障《さわ》ったのか、あるいは別の選手の野次に反応したのか。細かいところは塩路の記憶も定かではないのだが、宮田が投球の合間、マウンド上から草加ベンチの誰かを凄《すさ》まじい形相で睨《にら》みつけている。

ある打者が打席に入ると、宮田が何か一言二言、怒りに満ちた言葉をぶつけた。当然、その打者も言い返す。すると、宮田は満面に怒気を漲《みなぎ》らせ、打者に向かってマウンドの土を思い切り蹴り上げたのだ。

苦笑しながら、塩路が言う。

「高校野球だって、そんなことしたら審判に怒られますよ。ましてやボーイズリーグの中学生がマウンドを蹴り上げるなんて、そんなことをやったのは宮田ぐらいでしょう」

この打席、宮田はいつにも増して鋭く内角を抉《えぐ》り、その打者を空振り三振に仕留めた。それで、と塩路が続ける。

「次の攻撃で宮田に打席が回ると、カーン！　と榎からホームラン。大阪球場（正式名称は大阪スタヂアム）のスタンドに放り込みよったんです」

それだけ感情を昂《たか》ぶらせていても、宮田は決して塩路やチームメートに嚙みつくようなことはなかった。

「マサ、マサ」

そう塩路が呼びかけると、「うん」と素直にうなずいて次の言葉を待っている。

「ちょっと力んでるよ」

「うん、うん」

こういうときの宮田は、いつもの優しくて物静かでおとなしいマサだった。それがひとたびグラウンドに出て行くと、塩路でも驚くぐらい攻撃的な性格に変わるのである。

「たぶん、野球で相手に向かっていく状況になると、マサの中で何かのスイッチが入るんでしょうね」

宮田と塩路はこの年、世界大会に出場する代表メンバーにも選ばれ、準優勝している。決勝で惜しくも敗れたものの、宮田は4試合に投げて4勝を挙げた。

ちなみに、この代表チームの監督は元南海の選手だった黒田一博という。上宮高校では宮田の後輩に当たり、のちに広島東洋カープに入団した黒田博樹の父親だ。

世界大会での宮田の好投も、すでに上宮の2年だった光山の耳にも届いていた。是が非でも、宮田がほしかった。

しかし、宮田自身は、当時の自分の活躍をまったくと言っていいほど覚えていない。

「犬伏のことは覚えてます。小学校から身体が大きくて、何かフォームがいかにもホームランバッターみたいな。ただ、そのころ彼とどういうふうな戦いをしたのか、そういうのは覚えてないですね。打席に立ってる感じがどんなだったか、そういうことも、何も」

そう言って、宮田は遠い目をした。

ボーイズリーグ中学3年の夏の全国大会が終わり、有望な選手が高校野球の強豪校からセレクションに呼ばれる秋がやってきた。甲子園の常連校ともなると、9月までに将来のレギュラー候補の中学生を確保しておくのがこの世界の慣例である。

もっとも、大阪のボーイズリーグの場合、選手本人や親の希望とは別に、チームの会長の意向と裁量によって進学先が決められる、というケースが少なくない。チームが強ければ強いほど、つまり有望な選手を数多く抱えている会長ほど、強豪校の監督や部長と特別な関係を築いているものだ。そのため、どの子供をどこの高校に行かせるか、本人たちを抜きにして、高校との間で事前に〝商談〟をまとめておく会長もいる。

例えば、ボーイズ側が有力校側から、Aという主力がほしい、と持ちかけられる。そこでボーイズ側は、Aだけでなく、Aより力の劣るBとCも連れて行ってくれ、と有力校側に3人まとめて引き取らせる。

有力校側としては、優秀な選手の供給源としてボーイズ側との関係を維持したい。ボーイズ側としては、有力校へ進学できることを子供や親にアピールできる。こうして双方の利害が一致し、子供の行く先が決まる。その上、行き先が子供本人や親の望む高校であれば、三方丸く収まるというわけだ。

子供と親がチームの会長を通さずにセレクションを受け、独断で進学先を決めたりすると、あとでチームの会長から怒りを買うこともある。犬伏のケースがそうだった。

高校進学を間近に控え、若江ジャイアンツの会長の下には、全国各地の強豪校から犬伏がほしいという申し出が殺到していた。奈良の天理高校、愛媛の新田高校、それに地元の大阪産業大学附属高校である。

しかし、犬伏としてはどこへ行くのも気が進まなかった。そんなとき、近所にいた近畿大学附属高校のOBから、こっちに来ないかと誘われたのだ。

過去3度春の選抜大会に出場した近大附属高はこのころ、ふたたび大阪の高校球界でも屈指の強豪として台頭しつつあった。当時の監督は、かつて早稲田大学の名捕手、大昭和製紙の監督、弱小だった大阪大学を近畿学生リーグの優勝に導いた名コーチとしても知られる野村徹である。ここなら甲子園に行ける可能性が高そうだ。家からも近いから、両親や兄が応援に行くのにも都合がいい。

犬伏がチームの会長に内緒で近大附属高のセレクションを受けに行ったら、本塁打を1本打ってあっさりと合格である。「ぜひ来てくれ」と監督の野村にも言われた。

もう迷っている場合ではない。両親とともに恐る恐る若江ジャイアンツの会長に報告に行くと、大変な剣幕で怒鳴りつけられた。

「何という勝手なことをしたんだ！　天理、新田、産大と、おまえのためにわざわざここまで足を運んでくれた人たちに対して、どうお断りするんだ！」

こうした水面下での交渉には、ときとして情実がからむ。ボーイズリーグと高校の間に代理人まがいの人間が割り込み、金銭が飛び交うことも少なくない。犬伏が言う。

「どこかの会長は選手ひとりにつき何万円、どこかの高校からもらってるとか、そういう話は当時も聞きました。まあ、実際のところはわかんないですけど」

小学生のころから夢中で野球をやってきた子供が、否応《いやおう》なしに大人の世界の現実を垣間《かいま》見せられる。野球少年にとって、高校進学はそういう一面を持った通過儀礼でもある。

近大附属高は犬伏が１年の１９８８年に、春夏連続で甲子園出場を果たしている。３年の90年には犬伏自身も甲子園に出場し、全国の頂点にまで上り詰めた。結局、彼の判断は正しかったのだ。

宮田は、上宮高校から熱心な誘いを受けていた。野球部監督の山上烈が早くから宮田に注目しており、長年のつきあいだったオール松原の会長・藤田英輝を通してこちらへ進学するよう働きかけていたのだ。

最終的に、宮田と一緒に上宮へ入ることになった塩路が言う。

「ぼくも、山上先生とは、中学生のころからいろんなところでよくお会いしてたんです。オール松原と上宮高校の間には太いパイプがあったようで、ずっと昔から先輩方が行ってたんで、ぼくと宮田もその流れに乗って、というか、乗せられて、という感じでした」

そうした折、山上は宮田に言っていた。

「上宮に来れば大丈夫だ。おれと一緒に甲子園へ行こう」

宮田も犬伏と同様、いや、それ以上に数多《あまた》の強豪校に目をつけられた存在だった。上宮のキャプテンだった光山が耳にした噂によれば、PL学園高校、近大附属高校、大産大附属高校あたりも宮田を獲得しようと虎視眈々《こしたんたん》と狙っていたという。

そこで、上宮OBで、かつてはキャプテンだった光山の兄、すでに近鉄の選手となっていた英和が乗り出してきた。自分の野球道具を与え、一緒にキャッチボールをやり、家に泊めて食事をご馳走しながら、熱心に宮田を口説いたのだ。光山が言う。

「兄貴は結構、力使いましたよ。兄貴だけやなくて、いろんな上宮OBの手も借りたんやないかな。宮田獲得は上宮の総力戦やった。そう言ってもいいぐらいです」

光山は自分が上宮に入学する際、スポーツ推薦枠で入れる立場にありながら、野球部が獲得できる選手の枠を空けるため、自ら一般入試に回った。宮田を懸命に引き入れようとした努力にも、母校に対する並々ならぬ愛情が感じられる。それだけ、宮田は激しい争奪戦の対象になっていたのだろう。

宮田は大阪府南河内郡太子町のグラウンドで上宮のセレクションに臨んだ。1ヵ所打撃に登板すると、上宮の先輩の誰がバットを振ってもほとんどかすりもしない。見守っていた選手や関係者の間からどよめきが起こった。

89年の春、選抜大会の決勝で宮田のバックを守った二塁手の内藤秀之が言う。

「すごいピッチャーの真っ直ぐはバッターの手元にきてホップするって言うじゃないですか。そういう球を初めて見ました。うわっ、これか！　と思った。もう、それまでに見たピッチャーとは球の質が違うんです。中3の時点で、高2だったうちのエース、壬生（清成）さんよりも全然、上でしたね」

遊撃手の元木大介はこう言った。

「初めは、何だこいつは？　って感じだったんだけどね。見た目ずんぐりむっくりだし、大したことないんじゃないのって。それが、打席に入って球見たら、速えっ！　速ええ、こいつ！　絶対来てくれよ！　って思った。これで甲子園へ行けるぞ！　って」

しかし、三塁手の種田仁の証言は、元木や内藤とは異なる。

「正直言って、宮田のことは何も覚えてないです。だから、どういう印象かって聞かれても、何もないです、としか言えません」

大した投手ではなかったとまでは言わないが、元木や内藤が絶賛したほどの投手だとも思えなかったらしい。この内野陣の受け止め方の違いが、のちの89年春、甲子園大会史上最も悲劇的と言われた決勝戦へとつながってゆくことになる。

当の宮田は、上宮以外の高校に行こうとは端《はな》から考えていなかったという。

「別の高校に誘われたということもなかったと思います。当時はＰＬが有名だったとか、そういうことは覚えてますけど、実際にぼくのところに話が来てたのかどうかとなると、よくわかりませんね」

上宮があまりにも熱心だったから、ほかの高校については印象に残っていないのだろうか。あるいは、１９９９年の外傷性くも膜下出血によって、高校進学のころの記憶も失われているのか。

ともかく、こうして宮田の上宮入りが正式に決まった。捕手の塩路、ソフトボール時代から宮田のチームメートで内野手の安部清治も一緒だった。

監督の山上はもちろん、元木と内藤も素直に喜んだ。これで甲子園に行ける。行くだけでなく、優勝の望みも出てきた、と。宮田と塩路より1年早く上宮に入っていた彼ら先輩ふたりは、ボーイズリーグで鉄壁の二遊間と言われた名コンビだった。

第3章
青春の二遊間
セカンド・内藤秀之、ショート・元木大介

内藤秀之はいまも、自分にとって一番の遊撃手は元木大介ひとりだけだ、と言い切る。

「最高のショートと言ったら、やっぱり元木です。ぼくもいろんな選手を見たり、一緒にやったりしましたけど、元木は野球のセンスが違う。全然違いますそら、もん」

内藤へのインタビューは2015年9月、日本生命の東京東支社青戸営業部の応接室で行った。ここに勤める営業部長が、このときで44歳だった内藤の肩書である。日生の野球部に33歳まで在籍して現役生活を終え、ちょうど引退後10年が経過していた。

かつて上宮高校の二塁手として元木とともにプレーしていたというだけで、元木が一番のショートだと主張しているわけではない。内藤には上宮高校を卒業してからも、大学や社会人で

名うての遊撃手とボールをやり取りしてきた経験があるのだ。

明治大学で一緒に二遊間を守ったのは同い年の鳥越裕介だった。１８９センチ、93キロの大型遊撃手として勇名を馳《は》せ、打線の中軸を担い、全日本にも選ばれている。１９９３年秋のドラフトで中日に逆指名入団し、99年にはダイエーにトレードで移籍、通算13年にわたってプロの第一線で活躍を続けた。

明大時代、その鳥越が六大学のリーグ戦に出られるようになったのは2年からだ。3年からショートのレギュラーに昇格し、内藤と二遊間のコンビを組んでいる。

正直なところ、当時の鳥越の守備は大してうまいとは思わなかったという。明治神宮野球場は人工芝なので、土のグラウンドのように打球が思わぬバウンドをすることがあまりない。捕球でお手玉をしても、鳥越は肩が強いから送球で取り返せる。そういう意味では安定感のあるショートではあったが。

内藤にとって都合がよかったのは、鳥越の身体が大きかったことだ。内藤が打球を処理し、一塁走者をセカンドで封殺するケースでは、鳥越が二塁のベースカバーに入る。ぎりぎりのタイミングで送球しなければならないときなど、的が大きいので助かった。

そういうショートだったので、鳥越は最初からプロ向きだった、と内藤は言う。本人のためにも、プロへ行ってよかった、と。

「なぜかというと、プロの守備はアマよりもレベルが低いからです。肩が強ければ、それだけで上手やと思われる世界でしょう。球場も人工芝がほとんどだから、それだけで結構誤魔化しが利く。社会人だったらそうはいきません。トーナメントの一発勝負ですから、ちょっとした守りのミスが命取りになることもある。土のグラウンドが多いから、微妙なバウンドに合わせられるセンスも必要です」

だから、こと守備に関しては、プロよりもアマのほうがうまい選手が多い。当然、平均的レベルも高い。それが内藤の持論である。

大学４年で六大学選抜メンバーに選ばれた１９９３年は、早稲田大学のショートだった仁志敏久と二遊間を守っている。仁志は１９９５年秋のドラフトで巨人に逆指名入団し、二塁手のレギュラーとなって、最盛期には１９９９年から２００２年まで４年連続でゴールデングラブ賞を獲得した。名手とまでは呼ばれていないにしろ、プロでは評価の定着した内野手と言っていい。

しかし、プロ入りする前の大学時代は、お世辞にも守備がうまいと言えるような内野手ではなかった。試合に出場するためにハワイへ行き、仁志とシートノックを受けた途端、内藤はこう思った。

「こら、あかん。何ちゅうへたっぴいや」

大学を卒業すると、奇しくも仁志とともに日本生命に入社し、内藤はここでもまた二遊間コンビを組むことになった。

そんな仁志の守備は、社会人に入っても相変わらずで、まったく向上していなかった。なまじ並の選手よりも身体能力が高いものだから、打球のコースやバウンドを少々間違えても、遮《しゃ》二無二《にむに》飛びついては踏ん張って送球し、かろうじて走者をアウトにする、という大雑把なプレーばかりしている。

プロに行った鳥越も似たようなものだったが、ここは社会人なのだ。いつまでもこんな雑な守備をしていては、いずれ致命的なミスをやりかねない。監督が黙っていないだろうと内藤が思っていたら案の定、仁志は早々とショート失格の烙印《らくいん》を押され、サードへコンバートされた。

内藤が言う。

「せやから、あの仁志が巨人でまたセカンドをやってるって聞いたときにはびっくりしましたよ。ホンマにたまげた。かなり練習したんでしょうね。あいつは頑張り屋やったからなあ。仁志の偉いところですわ」

その仁志が巨人のセカンドに定着した時代には、何度かショートの元木と二遊間コンビを組んでいる。努力と練習でセカンドに定着し、1999年から2002年まで4年連続でゴールデングラブ賞を受賞するまでに成長した仁志に比べて、元木のほうは何年かかってもレギュラーポジションを獲ることもままならなかった。

だから、内藤はよく日生の同僚にこう言われたものだ。

「仁志と元木と、どっちがすごいかって言ったら、絶対に仁志のほうがすごいよな」

そのたびに、内藤はこう言い返した。

「いやいや、何を言うてるんや。仁志なんかより元木が上や。ずーっと上。大体、野球のセンスが違うわ、センスが」

いささかむきになって反論すると、同僚は苦笑を浮かべ、冷ややかな視線を向けてきたものだ。それでも内藤は、仁志よりも元木のほうがずっといい内野手や、少なくとも守備では絶対に上なんや、と語気を強めないではいられなかった。

上宮高校の元木に始まって、明大の鳥越、日生の仁志と、内藤がともに二遊間を守ったショートは3人ともドラフト1位か逆指名でプロ入りした。後輩の三塁手には、やはりドラフト1位で中日に入団した福留孝介《ふくどめこうすけ》もいた。そして、日生では社会人で最高のショートとも言われた十河章浩のプレーも目の当たりにしている。

アマチュアでこれほど二遊間コンビを組む相手に恵まれていた二塁手も稀だろう。内藤はそれほどの経験を持っていながら、いまも最高のショートは元木だと言って譲らない。

その理由は何なのか。そう尋ねると、照れ笑いを浮かべて、内藤は言った。

「中学、高校のころからずっと元木を見てるんで、あいつに洗脳されてる部分もあるんでしょう。あいつにと言うか、あいつの華に」

内藤自身、もともとは遊撃手だった。野球を始めた子供のころから、最初はずっとショートを守っていたのだ。

「いまでもショートが一番好きですね。セカンドなんか嫌いやった」

なぜかと聞くと、内藤はこう答えた。

「華がないやないですか、セカンドは。チョコマカチョコマカ動かないといけないから。ショートみたいに流れでもってパーッといくことができない。やっぱり華はショートですよ、野球の華は」

そう言う内藤は1971年6月17日、大阪市阿倍野区に生まれた。ひとりっ子できょうだいはいない。

父の秀男は、市営地下鉄御堂筋線の西田辺駅の前で〈清水屋〉という居酒屋を経営していた。かつて静岡の東海大学第一高校（99年から東海大学工業高校と合併して東海大学付属静岡翔洋高校）の野球部に所属して甲子園を目指していただけに、野球が好きなことにかけては人後に落ちない。ひとり息子の内藤にも早くから野球道具を買い与えて、よく仕事の合間にキャッチボールを教えていた。

内藤が小学校に入ると、当然のようにすぐ地元のボーイズリーグのチームに入団させている。ここでショートをやるようになったのが、内藤の野球人生の始まりだった。

秀男は近鉄のファンで、犬伏の父親以上に熱狂的だった。藤井寺球場へ行くと、手製の紙吹雪を撒き散らすだけにとどまらず、黒牛やマスコットの〈バッファ君〉の着ぐるみに身を包んで、自作の旗や幟《のぼり》、さらには横断幕をスタンドに掲げ、声を限りにバファローズを応援する。着ぐるみは市販されている応援用グッズの類ではなく、ひとつ30万円をかけて秀男が自分でつくっていたという。藤井寺で1シーズン30試合以上、そんな格好で応援を続けていたのだ。

これがまたとない自作自演の宣伝になり、居酒屋〈清水屋〉は近鉄ファンでごった返していた。ペナントレースが優勝争いの大詰めを迎えたころともなると、地元のテレビ局やスポーツ紙が続々と取材にやってくる。その評判を聞きつけたファンが遠方からも訪ねてきて、秀男の店は大阪のプロ野球ファンなら知らぬ者のない名所と化した。

こうして店主の秀男についた呼び名が「牛のおっちゃん」である。マスコミに取り上げられたおかげで、バファローズの選手や関係者に顔が利くほどの名物男となった。そんな父親に何度も藤井寺へ連れて行かれるうち、息子の内藤も選手たちに可愛がられるようになった。よく藤井寺の選手専用入り口からロッカールームへ入れてもらったものだ。

試合はいつもネット裏のボックスシートで観戦していた。

藤井寺はプロ野球の本拠地としては小さな球場で、両翼が約90メートル、中堅が120メートル弱しかなく、ファウルグラウンドも狭かった。そのため、グラウンドとスタンドとの距離が他球場より極めて近い。しかも、藤井寺市春日丘の住宅地に建てられたため、住民の反対によって鐘、太鼓、トランペットなどによる鳴り物の応援が禁じられていた。

この環境がよかった、と内藤は言う。

「ぼくみたいな子供にとっては、最高の球場やったですね。ものすごく間近に野球が見られて、プレーの音がよう聞こえるでしょう。ピッチャーの球がパーン！　とキャッチャーのミットに収まる音、バッターがカーン！　とヒットを打つ音がね。ぼくは藤井寺で見る野球が一番好きでした」

加えて、こう強調する。

「もうひとつ重要なんは、藤井寺って、内野が土なんですよ。土のグラウンド。内野は土でないとって思うようになったんは、ずっと藤井寺で野球を見てたからやろうな」

そんなとき、内藤の隣で試合を見ていた父の秀男が、その土のダイヤモンドで鮮やかに躍動している選手を指差した。自分の好きな近鉄ではなく、阪急ブレーブス（のちのオリックス・バファローズ）の選手である。

「おまえな、あのショートをよく見とけよ。あいつはうまいぞ」

大橋穣《ゆたか》である。1968年秋のドラフト1位で亜細亜大学から東映フライヤーズ（のちの北海道日本ハムファイターズ）に入団、72年から阪急に移籍して、通算14年間でベストナインを5回、ダイヤモンドグラブ賞（のちのゴールデングラブ賞）を7回受賞したショートの名手だった。

おれもいつかあんなかっこいいショートになりたい。大橋への憧れが、内藤をより一層野球の練習に駆り立てた。


そんな内藤に最初の転機が訪れたのは、小学4年のころだった。所属していた阿倍野区のボーイズリーグのチームが、子供が集まらなくなったためか、資金繰りに行き詰まったのか、突然潰れてしまったのである。

野球を続けたいなら、とりあえず阿倍野区の隣、生野区の大阪生野ボーイズに移るしかない。内藤はそこで、1歳年上の光山英明に出会った。まだ11歳だったにもかかわらず、光山はその年齢のころから面倒見がよかったらしく、とても可愛がってもらった思い出が残っている、と内藤は言う。

しかし、そんな蜜月も長くは続かない。小学校の卒業を控えたころ、今度は大阪生野の小学生の部の監督にこう耳打ちされたのだ。

「おまえな、中学に上がったら、もっと強いチームに移ったほうがええぞ。こんなに弱いところにおったんじゃもったいない」

実際、当時の大阪生野は弱かった。いくら練習して、試合に出られるようになっても、勝てなければやはり面白くない。内藤は監督を慕《した》っていたので、彼が中学生の部の監督に昇格するなら、大阪生野にとどまってもよかった。その監督が、いや、そんな望みはないから、おまえはここに行け、と勧めてくれたのがジュニアホークス（のちに大阪南海ボーイズと改称）である。

ジュニアホークスはその名が示す通り、元南海ホークスの名監督、鶴岡一人が１９６７年に発足させたチームだ。そもそもボーイズリーグ自体、鶴岡の主導の元に発展した組織だから、まさに名門中の名門と言っていい。

南海ホークスは親会社がダイエーに変わる１９８８年まで、堺市北区の中百舌鳥《なかもず》球場を二軍の本拠地としていた。ジュニアホークスの子供たちはこのグラウンドで練習ができる上に、プロの選手と身近に接して、直接指導を受ける機会もある。当時の大阪の少年野球で、野球がうまくなるのにこれ以上恵まれたチームはほかになかった。

ちなみに、ジュニアホークスと大阪生野は同じ大阪阪南支部に所属している。当時は、同じ支部で勝手にチームを移籍などしたら裏切り行為と見なされ、散々非難されるのが常だった。そんなときも、大阪生野の監督は内藤をかばい、励ましてくれた。

「おまえはもともと、阿倍野のチームがなくなったから、隣の生野に来るしかなかったんだ。中学生になったら、強いチームへ行けばいい。言い訳は立つ。気にするな」

そうした少年野球の世界ならではの因習と圧力をはねのけ、内藤がジュニアホークスの門をたたくと、ここにもまた難関が待ち構えていた。名門だけに入団希望者が多く、よくある小さなチームと違って、セレクションを受けなければならなかったのだ。これに合格しても、中学

1年だけで50人ほど選手がいるから、レギュラーを獲るのも容易ではない。

ジュニアホークスに入った内藤は、ノックを受ける守備練習でショートに入った。同じポジションに5人もライバルがいるから、何としてもこの定位置争いに勝ちたかった。

内藤が厳しい環境に置かれたぶん、父親の指導にもさらに熱が入った。

秀男は毎日、夜11時ごろまで居酒屋で働いているにもかかわらず、ジュニアホークスの練習がある日は朝早く起き、夕方まで内藤の練習を見守った。内藤はそれから家に帰り、晩ご飯を食べていったん就寝するが、秀男が店から戻ってくると、たとえ夜12時を過ぎていても内藤をランニングに駆り出すのである。

これほど猛練習を課されたら、泣いて拒否する子供もいるかもしれない。だが、内藤は父親の熱意がうれしかった。

「10キロです、10キロ。ぼくが走ってる間、親父が自転車でつきあってくれるんですよ。おかげで、足では誰にも負けなかった」

文字通り血と汗の滲《にじ》むような努力を重ねていた最中、監督に突然こう言われた。

「内藤、きょうからセカンドに変われ」

ショックだった。が、ジュニアホークスのようなチームで監督にそう言われたら、従わないわけにはいかない。日ごろから怖い監督だったからなおさらだ。

内藤がセカンドへ回ると、セカンドだった選手がひとり、内藤が守っていたショートへ移っていった。元木大介である。

以後、セカンド内藤、ショート元木は中学と高校の6年間、二遊間を守り続けることになる。当時、同じ年齢、同じポジションで、彼ら以上の技術とセンス、絶妙の連係ぶりを誇ったコンビはいなかったはずだ。


元木は1971年12月30日、大阪府豊中市に生まれた。野球らしきものを始めた最初の記憶は、まだ2、3歳のころ、6歳年上の兄と一緒に、丸めた新聞紙でピンポン球を打つ遊びをしていたことだという。

近所の子供たちと遊ぶようになると、公園や運動場に行き、3人か4人ずつに分かれて野球の真似事をやった。使っていたのは子供用の柔らかいゴムボールにプラスチック製の短いバットである。

のちに開花する素質の片鱗《へんりん》を見せたのは、幼稚園で行われたソフトボール投げ競争だ。運動場に目標とする白線が引かれ、みんながなかなかそこまで届かない中、元木が投げたボールは軽々とそのラインを越えていった。

ご多分に漏《も》れず、元木の父親も毎晩テレビ観戦を欠かさない野球好きで、元木を小学2年でジュニアホークスに入団させている。本格的に野球を始めるに当たり、本当に野球をやりたいのかと聞く父親に、元木はきっぱり「やりたい」と答えた。

そのとき、父親に言われた言葉がいまでも忘れられないという。

「やるんやったら、途中でやめたりするな。嫌なこともたくさんあるやろうけど、絶対にやめるな。そのうちやめるかもしれんなら、いまやめろ」

背筋を伸ばしていた元木に、「約束できるか」と父親は聞いてきた。

「約束します」

こうして、豊中市の家から堺市のジュニアホークスの練習場へ通う日々が始まった。

8歳の元木にとって、これほど長い距離を移動するのはまったく初めての経験だった。最初は母親が付き添い、電車の乗り継ぎ方を教えてくれたのだが、ひとりで行くときには何度も乗り継ぎの駅を間違えた。ようやく間違えなくなったと思ったら、普通と急行を間違えてしまい、降りる駅を通過していくので泡を食ったりしたこともある。

野球の練習が終わって腹ぺこになっていた帰り道、お菓子やアイスクリームを食べられないのも子供にはつらかった。ジュニアホークスでは買い食いが禁じられていたため、親が電車賃のほかに余分なお金をくれなかったのだ。何か事故や不測の事態があったときに備え、公衆電話ぐらいかけられるようにと、十円玉だけは持たせてくれたが。

日曜は父親の車で練習場まで送り迎えしてもらえたものの、練習態度が悪かったりすると、しょっちゅう車内で延々と説教された。口だけではすませてもらえず、手を出されたことも珍しくない。ひどいときなど、車が赤信号で止まるたびに殴られるので、信号が近づいてくると、青になれ、青になれ、と必死になって祈ったものだ。

そうした厳しい指導の甲斐《かい》あってか、元木は小学4年のころ、早くも試合に出て持ち前の素質とセンスを見せ始める。当時は投手もしていたが、やはり打撃と守備に非凡なものがあり、5年や6年に伍してプレーしていても、まったく見劣りしなかった。

そして、自分が小学6年になったころにはもう、将来はプロ野球選手になろう、プロになるからには巨人に行こう、と考えるようになっていた。きっかけは6年生だった1983年、後楽園球場へ巨人戦を見に行ったことだ。懐かしそうに、元木が振り返る。

「そのときもひとりで新幹線に乗って、大阪から東京まで行ったんだよ。親戚のおじさんに、巨人戦を見においでよって言われてさ」

そのおじさんに東京駅のプラットホームへ迎えに来てもらい、タクシーに乗せられ、水道橋の後楽園球場に行った。おじさんは巨人の関係者と親しかったらしく、一塁側ベンチ裏で選手が素振りをしているミラールームへ連れて行ってくれた。

そこに、巨人の監督、王貞治がいた。一緒に記念写真を撮ってもらったあと、その王がこう言ってくれたのだ。

「そうか、野球をやってるのか。大きくなったら、ジャイアンツに入れよ」

結果、父親との約束を守った元木は、王の言葉にも忠実に従った。高校時代に練習嫌いという評判が立ち、プロでクセ者と呼ばれるようになるずっと前のことである。

「おれ、昔からずっと、一度ここに行くって決めたら、絶対にあとで変えたりしなかったんだ。ジュニアホークスから上宮（高校）へ行ったときもそうだったよ。頑固って言えば頑固なのかもしれないね」

中学校に上がるころにはもう、元木は押しも押されもせぬジュニアホークスの中心選手に成長していた。小学6年で中学生をしのぐほどの力とうまさを身につけ、伸び盛りの時期に父親仕込みの猛練習で技術を磨いていたのだ。周囲の選手との差は開く一方だった。

打ってはヒットやホームランを連発して、打席に立っただけで相手投手が元木の雰囲気に呑まれてしまう。守っては外野へ抜けそうな打球を軽々と好捕して、相手打者を易々とアウトに仕留めて見せる。当時はそれなりに足も速かったから、走塁でも相手バッテリーを翻弄《ほんろう》し、見せ場をつくったものだ。

しかし、これだけ活躍しても、4番だけは打たせてもらえなかった、と元木は言う。

「おれと同級生が4番だったから。それが、ジュニアホークスの監督の息子なんだよ」

おかげで、元木の打順はもっぱら1番で、2番が内藤である。ジュニアホークスはこの打線の1、2番コンビ、守備の二遊間コンビが要《かなめ》だった。ふたりがチームの背骨になっていたと言ってもいいかもしれない。

こうしてレギュラーに定着して以来、内藤は元木の動きについていこうと必死だった。

元木はいまやどんどん上達し、加速度的にレベルを上げている。実力で自分をはるかに上回る元木と二遊間でやっていくには、元木の動きを瞬時に読めるだけの勘を養う必要があった。スローイングやフィールディングにももっと磨きをかけなければならない。

それは取りも直さず、自分自身が優れた二塁手になるということにほかならなかった。ボーイズリーグで誰にも負けないセカンドになりたかった、と内藤は言う。

「そのころの少年野球では、セカンドはどこを守ってええかわからん内野の子がやるポジション、ていうイメージがあったんですよ。身体がちっちゃくて、バッティングでももうひとつで、ショートもサードもできなくて、チョロチョロしてるしか能がない選手が仕方なくやってる、みたいな。そんなふうに見られるのだけは嫌やったから」

どうせセカンドをやるのなら、セカンドは内藤以外にいない。内藤に任せておけば大丈夫だ。監督やチームメートのみんなからそう思われるだけの二塁手になりたかった。それにはまず、誰よりもコンビを組む元木に信頼されるようにならなければならない。

例えば走者が一塁にいて、打者がセカンドゴロを打ち、内藤がその打球を捕って、二塁のベースカバーに入る元木へ送球する。そのとき、どのように動けばいいのか。

元木に向かって投げ、元木を待たせて捕らせては、二塁ベースに入るのが一呼吸遅れてしまう。待たせることなく動きながら捕らせたい。いま、この瞬間に元木がいるところではなく、次の瞬間に元木が入るところ。その一点へボールを「投げる」のではなく、「ポンと置いてあげる」。そういうプレーができるセカンドを、内藤は目指した。

やがて、元木もまたそうした内藤の動きを読んでプレーするようになる。際どいタイミングで元木への送球を逸《そ》らした内藤が、しまった！　と思った次の瞬間、その逸れた先へ元木のグラブがスーッと伸びて、走者をセカンドでアウトにしてくれるのだ。流れるような動きで、鮮やかに舞いながら、内藤が何のミスもしなかったかのように。

そんなふうに何をやってもサマになる元木は、次第にチームメートのやっかみの対象になっていった。成長するにつれておとなびた顔立ちになり、モデルや俳優にでもなれそうな容貌を兼ね備え、常に女の子たちの嬌声《きょうせい》を浴びる点でも群を抜いている。こうなると、少年野球のチームでも元木を妬《ねた》む子供が出て来るのは人の世の習いだ。

試合中も練習中も、いまにも嚙みつきそうな目で元木を睨んでいる子供たちがいることに、内藤は気がついた。その頭上に浮かんでいる「何やねん、あいつ！」と書かれた漫画の吹き出しが目に見えるようだった。

元木は何も気にしていないらしく、いつもごくふつうに振る舞っていたが、やっかんでいる子供たちにすれば、それがまたいかにも自信たっぷりでふんぞり返った態度のように映る。「ジュニアホークスはおれで持ってるんだ、おまえらもちゃんとやれよ」と言わんばかりであるかのように。

何とかしなければ、と内藤は思った。そこで、元木が試合で本塁打を打つと、自ら元木に憎まれ口をたたいたりした。

「おまえ、またホームランか。もう打たんでもええやろ。ええ加減にしとけよ」

これに、元木がむっとして言い返す。

「なんでおまえがそんなこと言うんだよ」

「そら、おまえばかり目立ってたら、こっちかて面白くないやないか」

そんなふうに一芝居打って見せると、元木に対する鬱憤《うっぷん》が溜まっていた子供が、あとでこっそりと内藤に言い寄ってくるのだ。

「よく元木にあんなこと言えるなあ」

彼らはそう言って笑いながら、子供なりにせいせいした表情をしていた。こうして元木に対する反感を和らげ、元木が常に伸び伸びプレーできる環境をつくることも自分の役目だった、と内藤は言う。

「ぼく自身、元木に対するひがみもあったんです。やっぱり、ずっと一緒にプレーしてたんで、だいぶ差をつけられたなあ、と感じてました。だから、妬んでるやつらの気持ちもわかったんですよ。そういういろんなことがあって元木が活躍してくれると、ぼく自身もうれしくてね、あいつはだんだんぼくの中でスーパースターになっていったんです」

それが、「元木の華に洗脳される」ということだったのだろうか。

ボーイズリーグの選手は中学3年夏の全国大会が終わってから、誘いがかかった高校へセレクションを受けに行くのが通例だ。が、元木と内藤の場合は、まだ中学2年だった1985年、通常より1年早く上宮高校へ行くことが決まっていた。

その85年のある日、元木と内藤は大阪府南河内郡太子町にある上宮の野球部グラウンドへ連れて行かれた。そこで高校生たちに交じって練習したあと、早くもぜひ2年後に入学してほしい、と勧誘を受けている。

上宮の監督だった山上烈は、早くから元木の評判を聞きつけ、天才的な素質の持ち主と評価していた。もうひとり、この年から上宮のコーチに就任した田中秀昌が近畿大学OBで、大学時代の同級生がジュニアホークスの運営に関わっているという縁もあった。

こういう場合の慣例として、上宮が元木を獲るのなら当然、二遊間コンビを組んでいた内藤とのセットになる。内藤自身のセンスも十分に評価された上でのことだったが。

スポーツ推薦での入学になるので、試験は行われるものの、学力はそれほど問題にならない。あとは本人たち、及び本人の親たちがウンと言えば話は決まりだ。

しかし、元木も内藤も、必ずしも二つ返事で上宮への進学を決めたわけではない。内藤はこんな本音を漏らしている。

「ぼくねえ、ホントはPLへ行きたかったんですよね」

70年代から80年代、大阪の高校野球界ではPL学園高校が全盛を誇っていた。甲子園の常連校として勇名を馳せ、春の選抜は3回、夏の選手権は4回優勝。82年は史上2校目春連覇、87年には史上4校目の春夏連覇も達成した。83年の夏からは桑田真澄、清原和博のKKコンビが投打の主力となり、84、85年といずれも春夏連続、計5大会連続で甲子園に出場している。

PLの選手たちは打席に入る前、誰もが首に下げたペンダントをユニフォームの上からぎゅっと握る。経営母体であるパーフェクトリバティー教団のお守りで、あの握る仕草に憧れた、と内藤は言う。

「あのカッコがもうムチャクチャかっこよかった。ぼくもああやってお守りを握って、甲子園でPLの校歌を歌いたかったんですよ。中学生時代にもう覚えてましたからね。上宮の校歌は全然知らなかったけど」

おれはいずれPLへ行って、必ず甲子園に出る。自分で勝手にそう決めていた内藤は、同級生や後輩の生徒手帳を取り上げては、得意げにサラサラと「PL学園　内藤秀之」というサインを書いて見せた。

「このページ、破らんと持っとけよ。おれが有名になったら、すっごい価値が出るから」

そこまで入れあげていた内藤ほどではなかったが、元木もPLというブランドには漠然とした憧れを抱いていた。それぐらい当時の大阪の野球少年にとって、高校で野球をやるならPLが一番というイメージは強かったのである。

元木には上宮だけでなく、のちに犬伏稔昌が入る近畿大学附属高校からも、来てほしいと誘いがかかった。こちらも当時は甲子園への出場回数が増え、強豪校として再評価されつつあったころだ。

「正直言って、近大附属やPLに比べると、上宮については何も知らなかったんだ。どこに学校があるのかとか、どんなユニフォームで試合やってるんだとか、何にもわかんなくてさ、全然イメージが湧かなかったから」

ところが、ちょうどそのころ、上宮が翌86年春の選抜大会への出場を決めたのだ。これが4度目の出場で、チームにはジュニアホークスの先輩もいる。そうか、もうPLだけの時代じゃないんだ、と元木は思った。

「へえ、上宮に行っても甲子園に出られるんだって、そんな感じ。じゃあ、上宮へ行こうって決めたんだよ。まあ、そのころはおれも中2の子供だから、一所懸命考えたと言ってもその程度だったわけだけど」

上宮行きを決めるに当たって、元木は内藤に相談している。おれは行くつもりだけど、おまえはどうする、と。

このころには、内藤もPLに入る夢をあきらめざるを得なかった。ジュニアホークスと上宮の間で大人同士がつながっている上に、肝心のPLからまるで声がかからない。3年になる来年まで待つより、今年誘ってくれた上宮に決めたほうがいいだろう。

元木の決心を聞いたとき、母親は少し心配だったらしい。本当にいま上宮に決めてしまっていいのか。あとでPLから来てほしいと言われても、もう上宮をお断りするわけにはいかない。それでも後悔しないのか、と。

しかし、小学2年でジュニアホークス入りを決めたときと同じように、元木はきっぱりとこう言った。

「おれ、上宮に行くよ。上宮に行ってPLを倒す。PLを倒して甲子園に出る」

そうしたら、元木が中学3年になった1986年、そのPL学園から本当に誘いがかかったのである。

元木がびっくりしていたら、PLのあとも次から次へと大阪の野球校がスカウトに足を運んでくる。府下の強豪とされている高校はほとんどやってきたはずだ。

さらに、他府県の強豪校からもたくさんの声がかかった。それも四国や東北から、うちに来て甲子園に出場してほしい、うちはこれだけの好条件で迎えると、熱烈なラブコールが寄せられている。

「わっ、また来た！　すげえ、また来た！　毎日がそんな感じだった。でも、もう上宮に決めてたからね。毎回毎回、きちんと事情を話してお断りしてました。やっぱり、子供とはいっても一度決めたことなんだから、きちんと筋道通さなきゃと思ってさ」

ところが、そこへ突然、ジュニアホークスの監督がPLに行くよう元木に迫ってきた。

「元木、PLへ行け、PLへ！　上宮なんか断ればいいんだから」

なぜそんなにPLを勧めるのかと聞くと、元木をPLに入れることができたら、ついでに監督の息子もPLに獲ってもらえることになっているからだという。元木がいくら打つようになっても、監督が頑なに4番に固定し続けていたあの息子だ。

よくあるパターンだな、と元木は思った。有望な中学生を抱えている少年野球のチームと、その中学生をほしがる高校の強豪校の間でひとりの選手に1人か2人の〝オマケ〟がつけられる、という取引ならよくある。

元木はこう言うしかなかった。

「いや、ぼくは上宮に決まってますから」

「いいや、PLに行け！」

「いやいや、だから、もう上宮に決まってるんですよ。すみません！」

最後は監督との間で押し問答になり、無理やり突っぱねるほかなかった。

そうしたら、明くる日の試合、監督は元木と内藤をふたりともスタメンから外してしまったのだ。しかも、1、2番コンビ、二遊間コンビを担っているふたりに向かって、元木は三塁、内藤は一塁でベースコーチをやれと言うのである。少年野球の監督が勝負を度外視し、特定の子供にこれほどあからさまな嫌がらせをするケースも珍しい。

あまりに理不尽な仕打ちに、元木と内藤はもちろん、応援に来ていたふたりの父親たちもはらわたが煮えくり返る思いだった。とはいえ、監督のやることに親が口を出すことはできない。

渋々三塁コーチスボックスに立って、元木はあきれていた。

「露骨だなあ。よくやるよな」

内藤のほうは、一塁コーチスボックスで歯を食いしばっていた。

「なんでこんな目に遭わんといかんのや」

すると、背後で慰める声が聞こえた。

「内藤くん、我慢せえ。我慢や。こんなことでめげたらいかんぞ。頑張るんやぞ」

振り返ると、元木の父親がいた。自分よりもよっぽど悔しそうな顔をしている。

「ありがとうございます。大丈夫です」

こうして元木と内藤は87年の春、詰め襟《えり》の制服に身を包み、晴れて上宮高校の門をくぐった。絶対にPLを倒して甲子園に出てやるという固い決意を胸に秘めて。このときから二遊間のレギュラーを勝ち取る自信があったことは言うまでもない。

「ふたりで頑張って、早く高校でも二遊間を組もうな」

入学早々、元木は内藤にそう言い、ふたりして励まし合っていたものだと、〈日刊スポーツグラフ　輝け甲子園の星1989年8＋9月号〉には書いてある。その記事を見せると、元木が笑った。

「おれがそんなこと言うわけないじゃない。思ってはいても、口に出しては言わないよ。内藤とは3年間一緒にやってきて、何も言わなくてもお互いの気持ちはわかる間柄だったんだから」

ちなみに、ジュニアホークスの監督の息子はどうにかPLに潜り込ませてもらうことに成功したらしい。高校に進学して間もなく、練習試合か何かが行われたグラウンドで顔を合わせたこともある。

「おお、PLのユニフォーム、カッコええやん。強そうやなあ」

自慢げな監督の息子を、そう言って冷やかした。しかし、彼は結局レギュラーにはなれなかったようで、その後は顔を合わせることもなくなった。元木は言う。

「いまはもう、顔もはっきり覚えてないね」

少年のころの記憶をなくしているのは、外傷性くも膜下出血を患《わずら》った宮田正直ばかりではない。元木の脳裡からもまた、かつては腹立たしくてならなかったボーイズリーグの同級生がひとり、消え去りつつある。

元木と内藤の二遊間コンビに続いて、宮田と塩路厚のバッテリーが上宮にやってくるのは1年後の88年だ。その年の春、元木と内藤は三塁手の種田仁とともに一足早く春の選抜に出場、準々決勝まで勝ち上がり、大きな自信を得た。そして、夏の大阪大会が終わって新チームになった秋、少年たちはそろって大阪大会、近畿大会に出場、2年連続で選抜大会の出場権をつかむ。

まさかその89年の選抜の決勝戦であれほど悲劇的な結末を迎えようとは、少年たちは誰も想像だにしていなかった。もちろん、彼らを引き連れて優勝を目指した監督の山上も。

第4章
よしと言うまで走ってろ
上宮高校監督・山上烈の情熱と鉄拳

広島東洋カープの黒田博樹は、上宮高校で宮田正直や塩路厚の2年後輩に当たる。宮田が3年のエースだったころは背番号17の控え投手で、練習試合で打ち込まれるたびに太子町のグラウンドで延々と走らされていた。

「よしと言うまで走ってろ！」

監督の山上烈に一度そう言われたら、本当に「よし」と声がかかるまで、外野の左翼と右翼のポールの間を一日中走り続けなければならなかった。1日ですんだらいいほうで、ときには4日間もほったらかしにされ、仕方なく毎日走っているうちにとうとう足がまったく動かなくなり、近所のチームメートの家に担ぎ込まれたことさえあったという。

黒田がカープに復帰した2015年、何度かマスコミに取り上げられたこのエピソードは、多くのプロ野球ファンを驚かせた。あのタフな黒田が、上宮でそこまで徹底的に絞り上げられていたのか、と。

この話を塩路にぶつけたら、「そんなん、あのころはふつうでしたよ」と笑った。

「山上先生に死ぬほど走らされたことなら、当時の野球部員はみんな経験してます。ぼくもなんべんもありました」

朝9時から始まった練習試合で、塩路が見逃し三振したときのことだ。

「走っとけ！」

山上にそう言われて、塩路が走り始めたのが9時半ごろである。以後、試合が終わっても、昼飯の時間になっても、一向に「よし」と言ってもらえない。午後の練習が始まり、日が暮れるころになっても、山上はこちらに声をかける素振りすら見せなかった。

だからと言って、走るのをやめるわけにはいかなかった。選手がちゃんと走っているかどうか、山上は抜かりなく目を光らせているので、サボって歩いたりしているとすぐに怒声を浴びせられるからだ。

とっぷり日が沈んで真っ暗になるとさすがに遠目にはわからなくなるので、足を止めて休むことができる。大抵の場合、山上はそのうち「よし」と言わずに帰ってしまい、ここでやっと〝罰走〟は終わりになるのだった。

もっとも、元木大介はこう言っている。

「おれなんか、一晩中走っとけ！　って言われたこともあったよ。しょうがないから夜も走ってた。夏の夜は最悪でさ、蚊がいっぱい飛んでくるから」

そんなに走ったのだから勘弁してもらえるだろうと思い、次の日はみんなと同じ通常の練習に加わろうとしても、そうはいかない。

「おまえは走っとけと言っただろう！」

たちまち山上に怒鳴りつけられて、また朝から延々と走り続けなければならないのだ。そんなことを繰り返していると、やがて部員の誰かがそっと耳打ちしに来てくれる。

「先生が、もういいって言ってるよ。こっちの練習に入れって」

そういう声がかかるのが1日先、2日先になるのか。あるいは黒田のケースのように3日も4日も走らされることになるのか。山上以外の人間には誰にもわからなかった。

山上の課す罰には「走っとけ！」のほかにもうひとつ、「草引きやっとけ！」というのもあった。関西弁で草むしりのことである。グラウンドの周辺に生い茂る雑草の中へ追いやられ、今度は一日中草むしりをやらされるのだ。ただ、走るよりはいくらかましだったと、塩路は言う。

「大変は大変なんですが、ぼくなんかはホッとしましたね。走らされるよりはよっぽど楽ですから。腰と指が痛くなるぐらいで」

もっとも、元木はこう言っている。

「それでも、夏はやっぱりこたえるよ。暑い中で一日中草むしりさせられると」

野球部員が恐れていたのは罰走や草むしりだけではない。山上はしょっちゅう、口だけではなく手も出した。

いかに野球の強豪校とはいえ、1980年代後半はもはやスパルタ式、軍隊式の猛練習がまかり通る時代ではなかった。教師による体罰、運動部における暴力がときに警察沙汰《ざた》にまで発展し、マスコミに大きく報道されるケースが増え、社会的にも問題視されるようになっていたころである。

しかし、怒るべきときには怒る、中途半端にではなく徹底的に怒る、というのが山上の信念だった。練習中の手抜きやダラダラした態度、試合中のつまらないミスやいかにも無気力なプレーを目にすると、山上はいつも、絶対に容赦しなかった。

とくに捕手は扇の要であり、重要な役割であるぶん、ほかのポジションの選手より怒られることが多い。上宮在学中の3年間は試合と練習以外、山上先生に怒られていた記憶がほとんどですよ、と塩路は苦笑する。

「先生が保健体育の授業をしてるとき、ほんの少しでもウトウト居眠りすると、その場ですぐ怒鳴られました。そのあと、試合や練習で何か失敗したら、走っとけ、草引きやれ、ですからね。学校にいる間はずっと気が抜けませんでした」

元木ものちに3年でキャプテンになると、チームの怒られ役として、山上にもっと凄まじい指導と叱責《しっせき》を受けている。当の元木が、感慨深そうに言うのだ。

「ホント、あのころは先生によく怒られた。しょっちゅうボコボコにされたもんな。マジで死ぬかと思ったくらい。おれ、よく耐えたと思うよ」

そうした中、宮田だけは山上にそれほどきつく怒られたことはないという。少なくとも、自分たちほど厳しく怒鳴られたり、たたかれたりしてはいないはずだ、と塩路はいまでも思っている。

「マサは別格でした。先生も、意識して特別扱いしていたと思います」

上宮の野球部は当時のPL学園高校のような全寮制ではなく、自宅からの通いである。塩路と宮田は松原市の家が近所で、最寄り駅も同じ近鉄南大阪線の高見ノ里駅だったので、練習が終わると、よく連れだって一緒に帰った。

いつも山上にしごかれてクタクタになっている上、お互い口数の少ない性格でもあり、帰りの車中で話が弾んだりはしない。

「きょうもしんどかったなあ」

そうつぶやくように塩路が言うと、宮田がポツリと答える。

「そうやなあ」

「でも、いいなあ、マサは」

「いいって、何が？」

「おまえだけは全然、先生に怒られてないやないか」

「そうかなあ」

「そら、何かあったら注意ぐらいされてるかもしらんけど、びっくりするほど怒られてへんやろ、おれみたいに」

黙り込んだ宮田に、塩路はまた言った。

「いいなあ、マサは」

実際に、山上に特別扱いされていたと思うかどうか、当の宮田に聞いてみた。

「確かに、あまりきつく怒られたことはなかったような気がします。みんな、山上先生のことは結構怖がってたみたいですけど、ぼくは1年のときから可愛がっていただいてたんやないかな」

ということは、山上に怒られたり注意されたりしなくても、自分でしっかり練習する真面目なエースだったのだろうか。そう尋ねると、宮田は笑って首を振った。

「いや、練習は嫌いやったです。とくに走るのが苦手でした。元木さんと一緒ですよ」

山上烈とは2015年10月、大阪市中央区西心斎橋のホテル日航大阪で会った。小粋な帽子に洒落たジャケットという年齢を感じさせない出《い》で立ちは、かつての教え子たちから聞いていた恐ろしい鬼監督像とは程遠い。

ティーラウンジに腰を落ち着け、あまりにイメージと違うので、正直、面食らいましたとこちらが言うと、山上は明るく笑った。

「いまはもう、全然違いますよ。あの子らが覚えてるのは、ずっと昔、まだ高校生だった彼らに接していたころのぼくでしょう。ましてや勝負の場になると、人間はかなり変わるものですから。ふだんのぼくは見ての通り、冗談を言ったり、楽しい話をしたりするのが好きな人間なんです」

ホテル日航大阪とは１９８０年の開業以来のつきあいで、妻との結婚式と披露宴もここで行ったという。フロントやラウンジのスタッフにも顔馴染みが多く、旧友や恩人が大阪を訪ねてくるたび、ここに部屋を取っている。山上にとっては、人生の節目と思い出を彩る大切な場所なのだろう。

２００８年、還暦を迎えた年に高校野球の監督を勇退し、記念のパーティーを開いたのもこのホテルだった。そのとき、元木や塩路ら、教え子たちも大勢お祝いに駆けつけたが、ソフトバンクのチーム付きスコアラーに転身していた宮田は顔を出していない。

宮田は上宮を卒業して以後、山上とはほとんど会う機会がなく、連絡が途絶えたままになっていた。宮田が１９９９年に外傷性くも膜下出血を起こしたことも、その影響で記憶障害を患ったことも、山上のほうは私がインタビューを申し込んで初めて知ったという。

最初の質問は、山上から見て、上宮時代の宮田はどのような若者だったのか、である。かつての恩師はこう答えた。

「宮田というのはちょっと変わったところがありました。ぼくが叱ったり注意したりすると、ピタッと黙り込んでしまうんです。それじゃいけない、こういうことをちゃんとしろよと諭しても、自分の都合が悪くなると一切しゃべらない。そういう子だったんですよ」

例えば、練習試合や招待試合で審判が宮田に不利な判定をすると、たちまち不満を露《あらわ》にする。山上がいくら我慢して投げろと言い聞かせても、ずっとふくれっ面をしていて、投げやりな態度を改めようとしない。

「おまえ、それでもエースか！　投げる気がないんやったら帰れ！」

山上がそう怒鳴りつけたら、ユニフォーム姿のまま、本当に球場から帰ろうとしたこともあった。ボーイズリーグのころから時折覗かせていた負けん気は、上宮でもこういう形で現れていたのだ。

ふだんから口数が少なく、見た目にもおとなしいと思われがちだった宮田は、実は人一倍のきかん坊だった。ボーイズリーグ時代は相手の野次、高校時代にはこのように審判の判定に過敏に反応していたことからすると、大変繊細で神経質な一面も持ち合わせていたらしい。

プロで実績を築いた投手の中にも、実際に会って話してみると、本当は傷つきやすく、ほんのちょっとした言葉の綾に内面の動揺を覗かせる人間が少なくない。16歳の高校生ともなるとなおさらだ。

しかも、それでいて、当時の宮田は代わりのいない絶対のエース、甲子園へ行くために欠かせない存在である。山上としては、そういう宮田を特別扱いするというよりも、多少慎重に扱わざるを得なかったのだろう。

そんなナイーブで難しいところのある宮田を、どのようにしてやる気にさせていたのか。そう聞くと、山上はにやりと笑って見せた。

「笑いかけるんですよ。へへへっと、こんなふうにね。宮田は、おだてればノッてくる子でしたから」

きょうの相手なら大丈夫だ。おまえの力があれば抑えられる。自信を持って投げるんだぞ。ニコニコ笑いながらそう言ってやると、宮田は奮《ふる》い立ってマウンドへ向かった。

「でも、いつもそうやっていては、本当の力はつかない。ときには本気でビシッと言ってやらないとね。いつ、どういうタイミングでそういうことを教えてやればいいか、そこの見極めが非常に難しいんです」

それでは、何度となく叱り飛ばしたという元木は、山上の目にどのように映っていたのか。そう尋ねると、天才です、という答えが返ってきた。ほとんど即答だった。

「元木は天才です。センスがいいのはよくご存知でしょうが、実は頭もいい。勉強はそれほどしていなかったけど、いつも勘で正解を当ててしまう。そういうところがあった」

野球にばかり打ち込んでいる高校生の常として、元木も試験勉強など熱心にするほうではなかったという。そこで、例えばテストの選択問題を解くのに窮すると、鉛筆転がしで答えを決めていたそうだ。鉛筆の尻を削って1から6までの数字を書き込み、コロコロと机の上を転がして、上を向いた数字を答えにする昔ながらのやり方である。

「そんなデタラメをやっていても、ちゃんと答えが合《お》てるような生徒だったんですよ」

そんな元木の〝博才〟に感嘆した新聞記者が、山上にこうささやいたこともある。

「先生、元木に宝くじを買わしたらよろし」

素質とセンス、さらにルックスでも頭抜けていた元木は、最初からレギュラーとスターの座を約束されていた存在だった。宮田を投の柱とするなら、元木は攻守の看板である。実際、元木が3年でキャプテンだった1989年、上宮が初の春夏連続出場を果たすと、新聞もテレビもまるで元木ひとりの力で勝ち上がってきたかのように報じていたものだ。

小学6年で中学生と互角以上のプレーを見せ、中学2年で高校生と渡り合えるだけの技量を身につけていた元木のことだ。恐らく、上宮に入学してすぐ、自分と周囲の部員たちとの力の差を認識していたに違いない。

しかし、と山上は言う。

「それほどの天才だからほうっておけばいいというわけではありません。本気にならなくても勝てる、ほかの選手よりもいいプレーができると思い込んでしまうと、今度はいざというときに油断するようになりますから」

天才がそういう環境に置かれたら、どうしてもふだんの努力を怠りがちになる。ほかの部員たちがどんなに必死に練習しても自分にはかないっこないとわかっていたら、よほどの求道者でもない限り、目の色を変えて練習に打ち込む道理がない。

山上が続ける。

「元木という子は要領がいいんです。走っとけと言ったらずっと走ってるようでいて、実はどこかで必ずサボってる。あいつはもう、油断も隙《すき》もないんだから。そういうところを、いつもしっかり見ておいて、きっちり締める必要がありました」

山上は当時、ランニングはもちろん、ウエートトレーニングを重点的にやらせていた。どちらも重要なのは継続であり、１日でも手抜きをすれば、それまで積み重ねてきたものがたちまちゼロに戻ってしまう。

だからと言って、無理やり強制的に苦しい練習をやらせようとすると、天の邪鬼で抜け目のない元木のことだ、ますます山上の目を盗んではサボろうとする。ついさっきまで真面目に練習していたからと安心していたら、素早く水道の蛇口に飛びついて水をがぶ飲みしていたりする。そんな元木に影響されたのか、山上の隙を狙っては練習を怠《なま》けたり手を抜いたりする部員も出てきた。

一計を案じた山上は、練習中はグラウンドの一定の場所にとどまらず、様々なところに足を運んで目を光らせるようになった。あるときは外野のバックスクリーンに身を潜めて練習態度をチェックし、またあるときは反対にバックネットの上からハンドマイクを片手に選手たちをどやしつけるのである。

「必ずしも、怒ったり、粗探しをしたりするためだけに、あちこちグルグル回ってたわけじゃありません。いろんな角度から選手の動きを見ると、意外な長所、短所がわかってくるんです。1ヵ所だけから見ているより、はるかに得るところが多かったから」

余談になるが、黒田をときには4日連続で延々と走らせた意図は何だったのか。

「走ることが必要だった子で、なおかつ走ることを苦にしない子だったからです。上宮に入ってきたころ、彼はゴボウみたいな身体をしてました。細ぉい、黒ぉい、手足の長ぁいね。そういう子は、まず何よりも走らせないといけない。黒田自身、そういうことを理解していたから、文句も言わないで走り続けていたんでしょう」

そこへいくと、と山上の話はまたもや元木に戻ってくる。

「元木も根はいいやつなんです、根は、ね。ぼくが筋道を立てて話をしたら、はいはい、と素直に言うことを聞いてました。ただね、何度も言うように、サボり癖が玉に瑕《きず》でね」

そう言いながら、目を細めて語る山上の声には教え子に対する愛情が感じられる。どんなに手を焼かされても、やはり元木が可愛かったに違いない。

一番の天才と言えば、元木を措《お》いてほかにいませんでしたか。念を押すように質問すると、山上は首を振った。

「いや、もうひとり、種田がいます。あいつも天才だった。おかげで、チームが元木派と種田派に分かれてしまったんですよ。宮田はどちらかというと元木派だったのかな。これがまた厄介な問題でしてね」


山上烈は1948年4月17日、大阪府羽曳野《はびきの》市に生まれた。祖父は村長、父は羽曳野市役所と、代々地方公務員を務めている家庭に育ったが、そういう家風に似合わず、小さいころはかなりやんちゃだったという。

犬伏稔昌、内藤秀之の父親と同じく、山上の父親も熱烈な近鉄ファンだった。こちらは球団が設立された50年、チーム名もバファローズではなくパールスだったころから応援を続けていたという筋金入りである。

山上が子供のころは、主力選手がよく羽曳野の家へ遊びに来ていた。近鉄で3年プレーしたのちに南海で首位打者のタイトルを獲得した杉山光平、54年に外野手最多補殺記録となる23個をマーク、近鉄の野手として初めてオールスターに出場した日下隆らだ。そんなプロの選手たちに遊んでもらっているうち、ごく自然に野球をするようになっていった。

64年に上宮高校に進むと、さっそく野球部の門をたたく。投手を皮切りにあらゆるポジションを回り、最後に外野手でレギュラーとなった。が、当時の上宮は私学有数の進学校として知られていて、野球ではまったくの無名だったころである。甲子園を目指すどころか、毎年のように大阪大会の1、2回戦で敗退していた。

思わぬ怪我で、その大阪大会にすら出られなかったことがほろ苦い思い出として残る。プレー中に1年下の後輩と接触して右足首を骨折し、14人のベンチ入りメンバーから外れざるを得なかった。皮肉にも山上の代わりにベンチ入りしたのが、自分を骨折させた張本人の後輩、のちに南海、西武、横浜などで活躍する片平晋作だった。

「すいません、先輩。すいません」

山上が入院した病院へやって来た片平は、泣いて山上に詫びたものだ。

高校卒業後、日本体育大学で野球を続けていた山上は、4年後の71年に保健体育の教員として上宮に帰ってくる。その年の夏、早くも野球部の監督に就任した。まだ23歳という若さだった。

「おれが監督をやるからには、いつか必ず甲子園に行かせてやる」

そう宣言したとき、鼻で笑っていた教え子が投手の中田宗男である。のちに山上と同じ日体大に進み、首都大学リーグで通算24勝10敗、防御率1・80という成績を挙げた。2年で春秋連続でベストナインを獲得し、78年にドラフト外で中日に入団。実働3年、僅か7試合ながらプロで１勝を記録している。

84年にスカウトに転身すると、この分野でめきめき頭角を現し、のちにスカウト部長にまで出世した。89年秋のドラフトでは、上宮の後輩で、山上の教え子でもあった種田仁を担当したという因縁もある。

その中田は、いまでも山上と顔を合わせるたび、当時を振り返ってこう言う。

「先生はすごいですね。おれがおまえたちを甲子園に行かせてやるなんて、何寝言を言ってるんだろうと思いましたけど、本当に行かせるんだから」

山上は、上宮を全国に名だたる学校にしたかった。それが高望みだと言われるのなら、せめて「上宮」という校名が正しく読まれるようにしたいと思っていた。苦笑しながら、山上が言う。

「昔は、ウエノミヤと読まずに、ウエミヤと言う人が結構いましたから。ひどいのになると、アゲノミヤとかね」

上宮は１８９０年に創立された前身の浄土宗学大阪支校からの由緒ある歴史を持ち、大阪の私学でトップクラスの進学率を誇る。作家の司馬遼太郎をはじめ、政治、文化、経済の分野で一角《ひとかど》の実績を築いた著名人も多い。

しかし、そうした輝かしい実績も一般社会では忘れられがちで、あげくアゲノミヤなどと呼ばれるようになっている。母校の名前がここまで廃《すた》れている現状を指をくわえて見ているわけにはいかない。そのためにも、甲子園に出たい、いや、必ず出てやる、と山上は思った。

しかし、甲子園への道は険しかった。

最初の壁は上宮高校の内規である。夏休みに合宿をしようにも、合宿が禁じられていたのだ。どのような理由であれ、課外活動での外泊はまかりならぬという進学校ならではの決まり事だった。山上が言う。

「仕方がないから、学校に内緒で、こっそり合宿をやりましたよ」

高校の近所に郵政局の宿泊施設があったので、そこを借りた。朝、昼、晩の食事はその近所の食堂でとる。どちらも山上が個人的に頼み込んで了承をもらった。学校から50メートル程度しか離れていないのに、よく学校の関係者に見つからなかったものだ。

「バレたらクビだったでしょうね。私も若かったから、あんな無茶ができたんだろうな」

ようやく甲子園に初出場を果たしたのは、80年春の第52回選抜大会である。監督に就任してから、実に10年目の大願成就だった。

このときは1回戦で静岡の富士宮北高校に敗れたものの、3－4と善戦している。翌81年春の第53回選抜大会にも出場し、準決勝にまで駒を進めながら、ここで惜しくも千葉の印旛《いんば》高校（のちの印旛明誠高校）に1－3で敗れ去った。

83年春の第55回選抜大会では、のちに阪神タイガースに入った投手・仲田幸司を擁する沖縄の興南高校と1回戦で対戦し、2－1でサヨナラ勝ちを収める。そろそろ甲子園でも侮れない存在になりつつあったが、2回戦で高知の明徳義塾高校に1－7と惨敗した。

もっともっといい選手がほしい、と山上は思った。優秀な中学生を獲得するため、山上が中学校やボーイズリーグのチームを訪ねて回り、せっかくこれはという子供を見つけてきても、上宮ではおいそれと入学させることができなかったのだ。

当時の上宮にはまだスポーツ推薦入試制度がなく、野球部に誘った中学生にも一般入試を受験してもらうほかなかった。練習熱心で野球のうまい子ほど得てして学力が足りないもので、上宮はそう簡単に合格できない進学校だから、山上は目をかけた子供たちにこう言って励まさなければならなかった。

「勉強も頑張ってくれよ、勉強も」

そう言われて偏差値を上げ、首尾よく上宮に入学できるほど頭も野球も優秀な子はそう多くない。ほしい子供ほど試験に受からず、強豪校に持っていかれる。あげく、その強豪校と対戦したとき、山上がほしかった選手に活躍されて負けてしまうのだ。こんなことでは、何度甲子園に出ても優勝旗には手が届かないだろう。

こんなに歯痒《はがゆ》いことはない。上宮にもぜひスポーツ推薦制度を導入するべきだと、山上は学校側に訴えた。

「学校というものをひとつの器として考えてほしいんですよ。勉強のできる子ばかりではつまらないでしょう。勉強のできる子がいれば、スポーツのできる子や芸術に秀でた子もいる。そういういろいろな子を集めて、いろいろな才能と可能性を伸ばしてやるのが学校という器じゃないんですか」

野球をやる子供、イコール不良及び劣等生というイメージがまだまだ根強かった時代である。スポーツ推薦に反対する側の拒否反応は当初、予想以上の凄まじさだった。

スポーツしかできないような子供を入れてどうするのか。素行が悪い子供を獲って周りに悪影響が出たらかなわない。彼らは周囲に害毒を撒き散らす元だ、というのだ。

いや、そういうマイナスばかり考えていてはいけない。何かに秀でた子供を育てることは学校にとっても大きなプラスになる。とりわけスポーツ推薦を導入して、運動部が全国大会で活躍するようになったら、学校全体に大きな活力を与える、と山上は主張した。

「例えば、野球部が3年に1回でも甲子園に出られれば、そのときの在校生全員にとって大きな励みになります。アルプススタンドで生徒同士が肩を組み、みんな一緒に大きな声を出して応援すれば、ふつうの授業で得られない喜びや感動を共有できる。一生の思い出にもなる。そういう経験をさせてあげることも、立派な教育の一環でしょう」

山上の地道な努力が実り、スポーツ推薦が導入されたのは、野球部監督となってすでに15年が過ぎたころだった。

その野球に秀でた子供たちのチームで出場した86年春の第58回選抜大会、上宮は全国の強豪校に引けを取らない快進撃を見せる。1回戦で沖縄水産高校に3－1で快勝、2回戦は長野の松商学園高校に6－0で完勝、準々決勝では岡山南高校に3－6で敗退したものの、ほんの10年前まではほとんど無名だった上宮が、着実に力をつけていることを全国に知らしめた。

ちなみに、光山英明が上宮に入学したのはこの86年の4月である。翌87年には、元木、内藤、種田らに加え、鈴木英晃、岡田浩一、小野寺在二郎らが入学し、88年に宮田、塩路らがやってくる。山上がチームづくりに心血を注いできた甲斐あって、悲願の全国制覇へ向けて、最高の陣容が整いつつあった。

いま、上宮は着実に甲子園で勝てるだけの力をつけつつある。だが、と山上は考えた。勝つために必要なのは、必ずしも厳しい練習やトレーニングばかりではない、と。

トーナメント戦で一度も負けられない高校野球にあって、一番怖いのは主力選手の怪我だ。だから、つまらないことで怪我をしないよう、日ごろから注意しておく必要がある。それも、ただ注意しろと言うだけではなく、怪我をしないことがいかに大事かという意識を植え付けなければならない。

そこで、山上はグラウンドの整備をレギュラーにやらせた。

通常、小石を拾い、トンボでグラウンドを均《なら》すのは、下級生や控え選手の仕事とされている。レギュラーのため、先輩たちのため、あとで文句を言われないよう、彼らはせっせと荒れたグラウンドを整える。

しかし、そういうことを控えや後輩任せにするべきではない、と山上は言う。

「このグラウンドで練習するのは自分たちではないと思うと、人間、どうしてもおざなりにしか均さなくなるものです。まだ結構荒れていても、早くやれと先輩に急《せ》かされたら、この程度でもいいか、で済ませてしまう。仮にその荒れたグラウンドでレギュラーが怪我しても、控えや下級生はおれたちのせいじゃないんだからと思うでしょう」

その点、レギュラーなら手抜きをしない。トンボをきちんとかけておかないと、自分が怪我をしかねないからだ。そういう危機感が強い選手ほど、神経質なくらい丁寧にグラウンドを均すようになる。そんな選手をほかのレギュラーが見習って、みんなしてしっかり整備するようになればしめたものだ。

レギュラーの中には、どうして自分がグラウンド整備などしなければならないのか、と考えている者もいるだろう。だから、山上は折に触れて、自分が右足首を骨折したときのことを話した。

「おれは高校時代、グラウンドで怪我をしたせいで、大阪大会に出られなかった。控えの選手にチャンスを奪われてしまったんだ。おまえたちも同じ目に遭いたいのか。それが嫌なら、日ごろからしっかりとグラウンドを均しておけ」

そうして整備されたグラウンドで、山上はこう呼びかけた。

「嫌な練習からやろう。嫌な練習ほどきついときにやるんだよ」

真夏の炎天下、目の回るような酷暑の日を選んで、山上はよく打撃練習やベースランニングをやらせた。打っても打っても、走っても走っても終わらない練習に、元木や内藤、宮田や塩路ら選手たちはみんなうんざりしていたものだ。山上は、彼らに言い聞かせた。

「我慢、我慢！　辛抱、辛抱！」

たまりかねた元木がちょっと手を抜いたりしたら、山上はたちまちこうどやしつける。

「よしと言うまで走ってろ！」

一方、冷静に頭を働かせなければならない連係プレーやフォーメーションプレーなどの守備練習は、朝や夕方に行った。状況を冷静に判断し、適確な動きを覚え込ませるためには、頭がすっきりしている涼しい時間のほうが向いている。

闇雲に身体を動かすだけでなく、公認野球規則の勉強をさせていた。いざというとき、ルール上どのようなプレーが許されていて、何をやったらルール違反になるのか、咄嗟《とっさ》に判断できるようにしておくためだ。

ときには山上のほうから選手たちに対し、どんな練習をやりたいのか、どういう課題に取り組むべきか、意見や提案を募った。いまの自分たちに足りないものは何か、強くなるためには何が必要かを考えさせ、それを山上が正しいと判断したら繰り返し徹底的に練習させる。そうやって野球に対する意欲とモチベーションを高めていったのだ。

こうして、上宮は次第に「アゲノミヤ」と呼ばれた無名校から、誰もが認める強豪校へと変わっていった。この脱皮と成長の時期を振り返って、元木が言う。

「おれが2年で試合に出るようになったころにはもう、山上先生にあれやれ、これやれってやらされる練習はだんだん減ってたんじゃないかな。毎日みんながグラウンドに集まると、きょうはあれをやろう、これもやるかと話し合ってさ、きょうはこういう練習をやりますって先生に言うんだ。わかった、じゃあそれでいけって先生に言われて、自分たちのペースで練習をやるってことが増えた」

もちろん、少しでもダラッとしていたら、すぐさま山上の怒声が飛んできた。口を出されれば手も出されて、例によって延々と走らされたり、草むしりをさせられたりもした。

しかし、山上は決して、ただ単に猛練習を押しつけていたわけではなかった。選手たちの自主性を引き出し、自分たちで考える習慣をつけさせ、監督の自分がいちいち何も言わなくても、選手たちの判断で勝てるチームをつくろう、と腐心していたのだ。

「そういう意味では、おれらの代で山上先生も結構変わったって言われたんだよね」

元木が続ける。

「そういう選手任せの練習って、野球を知ってる選手が集まったチームだからできるんだよ。誰が何をしようが、どう動こうが、口に出して言わなくても、ああ、そういうことがしたいのか、じゃあ、こっちはこういうふうにしようと、ごく自然にできちゃう。

弱いチームはそれができないんだ。野球ってのはこういうときはこういうふうにするんだぞと、一から教えなきゃいけないからなかなか強くならないわけよ。その点、おれたちはボーイズリーグで野球がどういうものか、いろんなことをある程度知って上宮に入ったでしょう。そういう意味では、先生のチームづくりがうまくいってたんだと思う」

これには、塩路も同意見である。

「大阪のボーイズリーグって、何と言うのかな、結構大人の野球を教えられるんですよ。ただ真面目に投げて守って、打って走ってというだけじゃなく、ルールすれすれのプレーも含めて、こんなときはどうやったら勝てるのかということを。そういう実際的な知恵が上宮で役に立ったと思います、ぼくも」

ボーイズリーグ時代、元木や宮田ほど注目されていなかった塩路にとって、上宮で彼らと肩を並べられたことには、自分自身の成長を実感できる喜びがあったに違いない。

正捕手の座をつかみ取るまで、山上から課された試練は相当なものだったはずだ。宮田はエース、元木はスターとしてそれなりの待遇を受けていたところもあったが、塩路だけはいつも怒られ役だったから。

途中で逃げ出そうとは考えなかったのか。この質問に、塩路はこう答えた。

「何回もありましたよ。マネージャーしたいなあ、そっちのほうが楽やろうなあ、とかね」

しかし、そのたびに、自分はスポーツ推薦で入ってきたのだから、と思い直した。

「自分の立場を考えると、練習から逃げる、まして野球部からも逃げるとなったら、学校をやめなきゃいけない。そういう覚悟がありました。自分で言うのもなんですが、決して生半可な気持ちではなかったから」

一般入試で入った部員、単なる興味本位で入部してきた同級生は、練習について来られなくなって次々にやめていった。そうして、ひとり消え、ふたり消えするたびに、おれはあいつらとは違う、スポーツ推薦で入ったんだからと、塩路は自分に言い聞かせた。

そのスポーツ推薦で入った中にも、レギュラー争いから脱落し、自ら補欠に回った選手もいた。いくら鬼のような山上でも、補欠にまで練習を無理強《じ》いしたり、手出しをしたりはしない。

「だから、楽をしたかったら、補欠になればいいんです。先生にあんなに怒られるぐらいだったら補欠でいいやって、そっちに逃げるやつもいました」

そういう補欠の中に、安部清治もいた。

オール松原から宮田や塩路と一緒に上宮に入った安部は、塩路が正捕手として生き残る過程で、徐々にレギュラー争いから脱落していった。持病だったヘルニアが悪化し、毎日の激しい練習、急速に上がる周囲の選手たちのレベルについていけなくなったのである。

安部としては、どうしようもなかったのかもしれない。宮田や塩路に置いていかれまいと無理を続けたら、どれだけ腰が悪くなるかという恐怖感もあったのだろう。

しかし、二言目にはヘルニアを理由に練習を休むようになった安部を、塩路は複雑な気持ちで見守っていた。

「そういうところで落ち着いちゃうと、もうレギュラー争いをやってるこっちへは戻ってこられなくなるんです。本人には本人にしかわからない痛みがあるんでしょうけど、やっぱり楽なほうに流れたんじゃないか、というふうに見えてしまう。安部に限らず、上宮にはそういう選手も結構いました」

ボーイズリーグ時代からともにやってきた安部との間に距離ができ、それがだんだんと広がってゆく。お互いに嫌いになったわけではないが、かつてのように同じ立場で言葉を交わすこともできない。その現実を嚙み締めながら、おれは絶対に最後まで食らいついていくんだ、と塩路は思っていた。

その一方、元木と並ぶ存在でありながら、こう言って憚《はばか》らないレギュラー選手もいた。

「ぼくは監督に殴られたことがありません。高校3年間で一度もない。たぶん、そういう選手はぼくひとりじゃないですか」

それが、種田仁である。

第５章
反発し合う三遊間
一度も監督に殴られなかった種田仁

種田仁は２０１１年以降、ゆえあってプロ野球界から離れ、宮城県仙台市で一般の会社員として生活している。かつては上宮高校でもプロでも元木大介に負けない実力と知名度を誇っていたが、いまでは年齢相応の勤め人らしい雰囲気を漂わせるようになった。頭のところどころには、白いものも混じっている。

勤めているのは、企業や店舗へＯＡフロアの施工・販売をしている会社である。種田の担当はＯＡ機器の配線を通す二重床で、仙台営業所の番頭格としてゼネコンと打ち合わせを重ね、現場に立ち会って職人たちを動かしている。工事のないときも新たな顧客を開拓するため、営業マンとして連日のように東北全県を駆け回らなければならない。

勤め先の本社は愛知県にあり、社長は種田と同い年で、1990年から2001年まで在籍していた中日ドラゴンズ時代からの知り合いだという。種田が二軍内野守備コーチを務めていた東北楽天ゴールデンイーグルスを解雇された11年、旧知の仲だった社長に声をかけられた。声をかけられたと言うよりも、救いの手を差し伸べられたと言ったほうが正確だろう。種田はこのとき、相当額の借金を抱えていたからである。

「そのとき、社長がちょうど仙台に営業所を出したばかりだったんです。そういう縁とかタイミングもあって、こういう仕事をやってみたらどうかと言われたときは、もう、ぜひやらせてください、という感じで、お世話になることに決めました」

しかし、いくらサラリーマンとしてコツコツと真面目に働いても借金の完済はかなわず、15年9月には仙台地方裁判所で破産手続開始決定を受けた。

「借金の原因は2度の離婚の慰謝料と、税金です。現役時代の最後のころ、ドカンと年俸が下がって、税金を納められなくなったんですよ」

そう淡々と語る種田はいまも時折、あの1989年4月5日、甲子園での決勝戦を思い出す。思い出したくなくても否応なしに思い出させられるのだ。10年たっても20年たっても、毎年、選抜の季節がめぐってくるたび、NHKがあの試合のビデオを何度も繰り返し放送してくれるおかげで。

「あれを見るたびに、本当に上宮のみんなには申し訳なかったと思います。最後はぼくの悪送球でサヨナラ負けしたわけですからね。やっぱり、自分がもっとしっかりしていればよかったと、そういう後悔はいまでもある」

２－１と１点リードで迎えた延長十回裏、ツーアウト、ランナー一・二塁だった。宮田正直が初球を東邦高校の原浩高に打たれて、どん詰まりの打球がセンターを守る小野寺在二郎の前にポーンと跳ねる。種田が悔やんでも悔やみきれないと振り返る悪送球は、その場面から僅か約20秒後のプレーだった。

二塁走者の山中竜美に同点のホームインを許すと、ボールを持った捕手の塩路厚が本塁の前に出てきた。サヨナラの走者・高木幸雄はすでに二塁を回っている。塩路が送球するのはサードかセカンドか。ここはセカンドだと三塁手の種田が思った矢先、塩路は二塁手の内藤秀之ではなく、種田に向かってボールを投げてきたのだ。

送球を捕った種田が高木を追うと、高木が即座にセカンドへ取って返す。さらに種田が追いながら、高木の背中の向こうにいた内藤へ送球する。次の瞬間、その白球がショートバウンドして外野へ抜け、ライトフェンスにまで転がっていった。

ううん、と一声唸《うな》って、種田が続ける。

「ただ、もっと言えば、ああいう状況になる前から、ぼくはもうヤバイと思ってたんですよ。こっちに流れがきてない。このままいったら負けるかもしれない。だから宮田を代えなきゃダメだって」

延長十回裏、ツーアウト、いよいよ悲願の初優勝まであとひとり、というところに来たとき、宮田はマウンドで泣いていた。種田の見る限り、もはやまともな投球など望むべくもない状態だった。にもかかわらず、元木や内藤は、懸命に宮田を励まし続けている。

「あとひとりだ、しっかりしろ、頑張れ」

その間、種田はみんなの輪を離れ、三塁側ベンチにいる監督の山上烈にサインを送っていた。控え内野手の高田進治が伝令にやって来ると、ベンチへの帰り際につかまえてさらに念を押した。

「ピッチャーを代えてくれ。おれがそう言ってると、先生に伝えろ」

しかし、山上は動かない。マウンドでは相変わらず、元木たちが宮田に向かって「あとひとり、あとひとりだ」と言い続けている。本来なら熱い友情と固い結束力を感じさせるはずの声を、種田は何とも言えない違和感を覚えながら聞いていた。

泣いてる宮田に頑張れと言ってる場合じゃないだろう。勝たなければ何にもならないんだぞ。わかってるのか。

「あのとき、宮田を代えるべきだと、ぼくがもっと強く言ったほうがよかったんじゃないか。そういう後悔もあるんですよ。最終的に決めるのは監督ですから、あれ以上言ってもどうにもならなかったかもしれないけど」

あの場面、種田以外の誰もが、あとひとりだから、と考えた。しかし、それがそもそもの間違いだったと、種田は言う。

「みんなはあのとき、あとひとりなんだからと簡単に考えていたようです。でも、ぼくはそうじゃなかった。そのあとひとりをアウトにするのがどれだけ大変か、ぼくは理解しているつもりだったから」

ということは、あれほど悲劇的だったあの決勝戦以前にも、種田はあれほど悔しい負け方をした経験があったということか。

「あります。中学３年の夏でした」


種田は１９７１年７月18日、大阪府八尾市に３人兄弟の末っ子として生まれた。

父親は、大阪府立八尾高校で野球部に所属していた元高校球児だった。八尾高校は公立ながら、１９５０年代には春夏合わせて３回甲子園に出場した往年の名門校である。

八尾が最も強かったのは52年で、エースの木村保、控え投手兼主砲の法元英明を擁して春夏連続出場を果たした。種田の父は、その法元や木村よりも１年下の野球部員だった。先輩たちと違って補欠だったとはいえ、大変真面目に野球に打ち込んでいたらしい。

そんな自分の夢を３人の息子たちに託し、父は彼らを次から次へ地元の少年野球チームに入団させた。八尾では元木や宮田らのボーイズリーグよりリトルリーグが盛んで、種田もふたりの兄に続いて地元の八尾北リトルに入れられている。小学２年のときだった。

ここのエースは、のちに日本ハムファイターズで人気を博した岩本勉だ。控えの2番手投手がまた小学生離れした身体の大きな子供で、このふたりで回していた当時のチームは結構強かった、と種田が振り返る。

「そのふたりがいるおかげで、ぼくにはピッチャーをやれという声がかからなかった。肩はそのころから強かったんですけどね。いつも内野手か外野手で、打順はずーっと1番。当時はまだ足が速かったですから」

投手が務まるほど肩が強かったこと、打順がもっぱら1番だったことは元木と共通している。元木は中学に上がって自ら野手に軸足を置いたが、種田は逆に中学3年で野手だけでなく投手もやり始めた。八尾北リトルから入団した東住吉シニアには、種田の同級生に好投手がいなかったためである。

生まれつき肩が強く、のちに上宮高校でも投手として登板する種田は、たちまち東住吉で実質的なエース格にのし上がった。だが、この投手転向が、種田が初めて屈辱的な敗北を味わう原因になったのだ。

種田が中学3年だった86年、シニアの夏の全国大会の関西予選が行われた。関西予選とは言っても、当時はまだチームの数が少なかったため、名古屋、大阪、中四国、九州からもチームが参加していた。つまり、名古屋以西の全チームがひとつのトーナメントで優勝を争うという大がかりな大会だった。

全国大会に行けるのはベスト8のうちの6チームである。準々決勝で敗れた4チームは5、6位決定戦に回り、ここで勝ち残ったら全国大会への切符をもらえるのだ。

種田の東住吉シニアは準々決勝で名古屋東シニアと対戦した。序盤から一方的に攻め立てて、五回までに7－2と5点差をつける。シニアのルールでは7点差でコールド勝ちだから、あと2点取れば全国大会進出決定だ。仮に2点取れなくても六、七回の残り2イニングで5点差を追いつかれる心配はないだろう。

種田をはじめ、子供たちはもう安心しきっていた。あとで聞いた話では、応援していた親たちはもっと気の早いことに、全国大会へ行くための算段までしていたそうだ。資金をどうやって捻《ひね》り出そうか、今度は東京で試合が行われるから、みんなが泊まれるホテルを押さえておく必要もあるぞ、と。


2点を取れなくてコールド勝ちこそ逃したが、依然5点のリードがある。子供も親も、誰もが戦勝気分だった。それほど浮かれた雰囲気の中、種田は自信満々でリリーフのマウンドに上がった。このゲームはもらった。肩ならできてる。絶対に打たれやしない。

高をくっていたら、いきなり打たれた。走者を背負って動揺してしまい、投げる球が次から次へすっぽ抜ける。1点、また1点と追い上げられ、なお塁を埋められたあげく、ワイルドピッチでさらにやらずもがなの追加点を献上する始末だった。

このとき、自分がマウンドでどんなに情けない体《てい》たらくを見せていたか、種田は事細かには記憶していないという。野球を始めて最初に味わった手ひどい屈辱だったこともあり、心の内の自分が正確に思い出すことを無意識に拒否しているのかもしれない。

ひょっとしたら、記憶をなくした宮田の頭の中にも同じような葛藤があるのだろうか。ふとそんなことを考えさせられていた矢先、種田が吐き捨てるように言った。

「とにかく、気がついたら六回、七回で5点取られてました。あっという間に同点です」

追いつかれた直後の七回裏、走者を置いた場面で、自分に打席が回ってきたときのことはよく覚えているという。忘れようとしても忘れられないらしい。ここぞとばかり力いっぱいバットを振り、ライナー性の打球が相手投手の横からセンター前へ抜けた、と思った次の瞬間、その投手が倒れ込むように打球を捕って、あえなくピッチャーライナーでチャンスを潰してしまったのだ。

「それで、延長戦に入ったのかな。次の回にタイムリーヒットか何か打たれて、逆転負けしたんです。もう、どうしようもなかった」

こうして種田と東住吉シニアは関西大会の準々決勝で敗れ去った。それでもまだ、全国大会進出の望みが潰《つい》えたわけではない。準々決勝で負けた4チームで行われる5位、6位決定戦で勝てばみんなで東京へ行くことができる。

チームメートと親たちの期待を一身に背負って、種田はその試合の先発マウンドに上がった。しかし、結果は無惨だった。

「完敗です。最初からボロボロでした。５、６点は取られてるでしょう。名古屋東にやられたショックを引きずってて、立ち直ることができなかったんです。ぼくだけじゃなく、ほかの子もみんなそうだったと思いますが」

しかし、準々決勝も、５位、６位決定戦も、直接の敗因は一に種田にあった。たかが子供の野球に過ぎないと世間では言われる試合の一コマが、取り返したくても取り返しのつかない少年時代の悔恨として、いまなお種田の胸に深く刻み込まれている。

「結局は、勝ったと思い込んでしまった自分の油断です。油断したから、準備もできなかった。油断と準備不足。それがすべてです」

上宮高校に入った種田にとって、中学時代の失敗を取り返す唯一のチャンスが、あの１９８９年の春、甲子園での決勝戦だったのではないか。中学では、自分の油断で負けた。だから高校では決して油断しない。大量点のリードがあっても、そこであとひとりになっても、絶対に油断しない。今度こそ。種田はそう胸に誓って甲子園に臨んでいたのだ。

ちなみに、シニア関西大会準々決勝で種田を打ち砕いた名古屋東のエースの名前は、原浩高といった。種田が上宮に入学したころ、原は東邦高校へ進む。名古屋東の監督の息子が中京高校（１９９５年から中京大中京高校）、事務局長が享栄高校出身だった関係で、この強豪として知られた両校から熱心な誘いを受けた。それでも、東邦の監督・阪口慶三にぜひにと請《こ》われて、家から近かったこともあり、東邦を選んだという。

そして、捕手に転向して甲子園に出場した原は、1989年の春、上宮との決勝戦で、延長十回裏に同点タイムリーヒットを打つ。僅か3年後にそういう形で相まみえる宿命にあるとは、原はもちろん、種田のほうもこのときは知る由もなかった。

ボーイズリーグにいた元木や内藤、宮田や塩路と違い、リトルシニアにいた種田は上宮高校からスカウトされたわけではない。種田自身も強豪校に入りたいとはさほど思わず、一般入試を受験して公立校に進んだら、そこで野球部に入ればいい、というぐらいにしか考えていなかった。

いくつかの高校から誘いの声がかかることはかかった。1983年に創立されたばかりの大阪桐蔭高校、86年に工業高校から普通科高校となって大鉄高校から改称した阪南大学高校といった新興勢力、それに種田の1年後にボーイズリーグの犬伏稔昌も誘われた古豪の大阪産業大学附属高校である。

そのすべてに、種田ははっきりと答えた。

「すみません。行きません」

野球は好きで、自分の力に自信もあるが、甲子園に出るような強豪校にまで行って苦労をしようとは思わなかった。勉強も遊びもそっちのけで練習しても、レギュラーになれるかどうかわからない。ましてや大産大など全寮制だと聞かされて、そんなところに縛りつけられるのはまっぴらだと思ったほどだ。

ところが、その種田本人にではなく、種田の両親に、仁くんを上宮に行かせなさいと、しきりに勧めている奇特な人物がいた。上宮の教頭・山田隆章である。

上宮は浄土宗教校を前身とする仏教校で、教頭の山田の本職もまた融通念佛宗大念佛寺の住職だった。種田家がその寺の檀家だったという関係から、仁が高校に行っても野球を続けるつもりなら、上宮に来てやればいい、と親のほうが説得されたのだ。

このとき、元木、内藤の獲得に動いていた山上は、種田の評判をほとんど知らなかったという。当時の主将・光山英明に至っては、名前を聞いたことすらなかったほどだ。

一方、種田のほうも上宮に入るまで、元木や内藤の存在はまったく知らなかった。彼らはボーイズリーグ、種田はリトルシニアで、両者の間には交流がないから、中学時代まではどれほど活躍しても互いの情報や評判が聞こえてこなかったのである。種田が知っていたのは自分と同じシニア出身で、何度も試合で対戦したことのある岡田や小野寺のほうだった。

「正直、ぼくはそんな感じだったから、上宮に入る気なんかサラサラなかったです。セレクションやテストは受けましたけど、それも隆章先生の顔を立てるためでしかなかった。先生に言われた通りにしたけど落ちました、ということになったら、もううるさいことも言われなくなるだろうと思って」

そのセレクションを受けたのも、もう10月になってからだった。例年は9月でスポーツ推薦枠がいっぱいになるのに、この年はまだ2人ぶん空席が残っていたのだ。教頭が種田を熱心に誘ったのも、そういう事情があったからかもしれない。

しかし、種田はテストを途中で切り上げ、昼前に帰ってしまった。理由は腹痛である。八尾の家に帰って父親にそう告げると、さすがに怒られた。

「何ちゅうことするんや。おまえはホンマにアホやなあ」

「そない言うても、お腹が痛くなったもんはしょうがないやろう」

これで上宮は落ちた、もう住職への義理は果たしたと思い、受験勉強を再開した種田のもとへ、それから間もなく上宮から合格通知が届く。僅かな時間でも、元木に匹敵する素質が山上の目に留まったのだ。ちなみに、種田と一緒に合格したもうひとりは、南海の主砲として知られた門田博光の息子だった。

中学2年でいち早く上宮進学を決め、上宮の練習に参加していた元木にとって、種田は言わば遅れてきた同級生である。

「ああ、このメンバーと3年間一緒にやるのかと思いながら、練習を見てた。よく打つんだ、種田も。個性が強そうだなあ、というのは最初から感じてたね」

その種田はやがて、野球部で「アパッチ」という渾名《あだな》をつけられる。花登筐《はなとこばこ》原作、梅本さちお画で、NET（日本教育テレビ、のちのテレビ朝日）でアニメ化もされた1970年代の野球漫画『アパッチ野球軍』にちなんだものだ。

この作品に、外野をひとりで守れる木こりの息子が出てくる。モンキーというそのキャラクターに風貌が似ているからと、先輩や同級生たちにいつしか「アパッチ」と呼ばれるようになった。


1987年、ともに1年の春、元木は遊撃手のレギュラーになった。種田も控え三塁手としてベンチ入りした。1年で抜擢されたのはこのふたりだけである。プロ入りしてからライバルと目され、犬猿の仲とも噂された三遊間コンビの始まりだった。

そのころから、あまり仲がよくなかったのは事実らしい。元木が言う。

「種田がどういうやつかってのはわかんないね。しゃべったことないから。ホント、しゃべったことないよ。種田と一緒に学校に通ったり、練習のあと一緒に帰ったりということもなかったし」

これに対して、種田が言う。

「そうですねえ、ふだんは全然、会話らしい会話はなかったかな。ただ、しゃべることはしゃべってましたよ。三遊間ですから、必要なことがあれば、そういうときは」

お互いの力は認め合っていたのだろうか。それはそうだと、元木がうなずく。

「種田は結構ホームランを打ってたからね。ずっとベンチから外れなくてさ、時々大きいのを打つの。やっぱり力はあった」

種田が元木を評価していたのは、力よりも頭のほうだ。

「野球の頭脳は、やっぱり高いものを持ってました。それがなかったら、あそこまで騒がれる存在にもなってないだろうし」

では、実際にライバルとして意識し合っていたのか。元木はこう言った。

「それは向こうだよ。おれのほうは別に何とも思ってなかった。向こうがすごくライバル意識を持ってたんだ」

元木によると、2年か3年になったころ、種田との間でこんなことがあったという。

地方に遠征した招待試合で、元木がホームランを打った。公式戦に備えての練習試合や強化試合ではなく、相手の高校やその地方との親善を目的として行われる試合で、いくら安打や本塁打を打っても高校時代の通算成績には加算されない。

そんな試合でも、観客が入っていると元木はよく打った。しかも、この日は2発もスタンドへ放り込んだのだ。そういうところは、さすがにスター選手である。

すると、後輩のひとりが元木のもとへご注進にやってきた。

「種田さんが言ってましたよ。こんな試合で2発も打ってもしょうがないやろって」

ふん、と元木は思った。

「別にいいじゃんか。言いたきゃ言わせとけよ。おれのほうが打ってんだから」

このチームの看板はおれだ。このチームはおれで持ってるんだ。口には出さなくとも、そういう自負と気概が元木にはあった。

すると、次の日の試合で、種田もきっちりとホームランを2本打って見せたのだ。おれだって負けてないぞと言わんばかりに。さもありなん、と思わせるエピソードである。

そんなとき、元木はどう思ったのか。

「いや、やっぱこいつ、すげえなあ、みたいなね。要はそれぐらい、ライバル意識が強かったわけよ、あいつは」

元木にライバル意識を抱いていたことは、種田も認めている。それだけ、当時の元木は突出したスターだったのだ。上宮や大阪だけにとどまらず、常に全国の高校野球ファンやマスコミが注目しているほどの。

「元木が騒がれてるんなら、じゃあ、こっちも騒がれるぐらいの活躍をすればいいんだって、そういうふうに考えてました。元木個人に対してどうこうじゃなく、自分もあんなに注目されたかったら、それぐらいのプレーをすればいいんだ、それだけのことだって」

心中、秘かに元木と張り合っていたのは、種田ひとりではなかった。元木と仲のいい二塁手の内藤も、一塁手の鈴木英晃も、外野手の岡田浩一や小野寺在二郎も、同い年の野手みんながライバル意識を持っていた、と種田は言う。

「当時の上宮の選手はみんな、そういう意識はすごい強かった。毎日毎日、元木ばっかり新聞に載ってたんじゃ面白くないでしょう。だったら、元木を新聞に載せないような活躍を自分がやって見せりゃあいいんだ。みんながそう思ってたはずです。だから、チームとしても強かったんですよね」

元木にはスターとしての華があった。グラウンドに姿を現すだけで周囲がパッと明るくなり、何か起こしてくれそうだと期待させる雰囲気を漂わせていた。

元木がそういう光を放てば放つほど、種田は負けん気の炎を燃やした。打撃でも守備でも元木に負けてはいない。テレビやスポーツ紙に取り上げられるだけの活躍を見せてやりたい。

そういう意味で、元木がスターとして注目されていることは、チーム全体にいい影響をもたらした、と種田は言う。決して元木個人を妬んだり、やっかんだり、後ろ向きな感情を抱いてはいなかった、と。

お互いに意識している、意識していない、という意味では、むしろ逆ではなかったか。自分はそう思うと、苦笑いして種田が言う。

「ぼくからしたら、元木のほうがぼくを変に意識してたところがあるんですよ。あいつはいつも監督にボコボコにされてたけど、ぼくは3年間で一度も監督に殴られたことがないから。練習メニューなんかについて話し合ってるときも、監督は元木よりもぼくの意見を取り上げることが多かった。となると、やっぱり妬みたくもなりますよね、向こうは」

実際、こんなことがあったと、種田は元木と山上がからんだ逸話を披露してくれた。

山上が内野手にノックを浴びせていたときのことである。種田が、横っ跳びで捕ろうとした打球を弾いた。グラブをかすめた打球は転々と転がって、すぐに拾えないところまでいってしまった。

こういうとき、即座に球拾いに走る選手もいるが、種田は違った。山上に向き直って、こう声を張り上げたのだ。

「もういっちょじゃ、もういっちょう！」

ボールは遠くまで転がっていった。それを拾いにいく時間がもったいない。そんな暇があったら、もういっちょうこい。そう言わんばかりの種田に気圧《けお》されたのか、山上も渋々ノックを再開した。種田が言う。

「監督って、サボりや手抜きにはすごい怒るんです。だけど、ぼくはそんなこと一切やらなかった。逆に監督に対して、これだけやったら文句ないやろ、こんだけやってもまだ何か言うつもりなんか、みたいな調子でやってましたからね」

リトルシニア時代から、種田はこういう反骨心が強かった。

厳しく指導されればされるほど、強い口調で怒られれば怒られるほど、もう余計なことを言わせないだけのことをやってやる、このおっさんを黙らせてやる。そんな気持ちが胸の内で燃え上がり、たとえ相手が監督であっても挑みかかってゆくような姿勢を剝き出しにするのだ。元木に対するライバル意識の源もこのへんにあるのだろう。

「ぼく、そういうことに関しては、徹底して自分を貫いてました。だから監督も殴れなかったんじゃないですか、ぼくだけは」

しかし、このノックのときだけは、種田にも非というか、落ち度があった。彼がグラブで弾き、遠くへ転がっていったと思い込んでいた打球は、実際には背後で止まっていたのだ。当然、すぐに拾い上げ、投げ返すべき距離のところに。

それでも、種田は気にしなかった。手抜きで拾わなかったわけではない。気がつかなかっただけだ。そのぶん、おれは誰よりも積極的にノックを受けていたはずだ。

練習が終わると、山上が選手全員に招集をかけた。いつものミーティングならごく短い説教で終わりになるのに、この日だけは山上の様子がおかしい。苛立《いらだ》ちを露にした表情で、選手のひとりひとりを名指しし、細かく槍玉に挙げ始めた。

「きょうの態度は何だ！　またおまえの悪い癖が出とったぞ！」

ひとりが謝るとまた次、そのひとりが頭を下げるとまたその次と、際限なく激しい叱責が続く。次第に、きょうの練習だけではネタが尽きてしまったらしく、過去の話まで持ち出し始めた。

「この間の試合は何だ！　前もこういうことがあったやろう！」

元木も内藤も、宮田も塩路も、みんな山上に向かって丁重に反省の弁を述べた。

「申し訳ありません。今後は十分注意して、二度とこういうことのないようにします」

しかし、なお火が点《つ》いたようになっている山上は、一向にミーティングを終わらせようとしない。とうとう、たまりかねたように、こう言い出した。

「あとひとり、あとひとりだけ、どうしても謝ってもらいたいやつがいる！　潔く自分から謝ろうという気はないのか！」

そのころにはもう、元木は気づいていた。内藤も鈴木も岡田も、選手みんなが気づいていた。山上は種田に謝らせたいのだ。種田を謝らせるまでは、絶対におれたち全員を帰さないつもりなのだ、と。

さっきのノックではいつもの種田のペースにはまり、怒鳴りつけるタイミングを逸してしまった。このまま、何の咎《とが》め立てもせずに種田を帰しては、ほかの選手に対して示しがつかない。監督としての威厳にもかかわる。だから、何としてもこの場で種田に謝らせなければならない。種田ひとりを謝らせるために、こうしておれたちにまで延々と頭を下げさせ続けているのだ。

もちろん、種田自身も察していた。

「ああ、おれのこと言ってるんやろなあ、とわかってましたよ。でも、こっちは知らん顔でほったらかしてました。球捕らないでもういっちょって言ったんが、そんなに悪いんかって思ってましたから」

するとのちに上宮の監督となるコーチの田中秀昌、野球部長の仲谷達幸が種田の傍らに歩み寄ってきた。

「山上先生に謝ってくれや。おまえが謝らんと、いつまでたってもみんな帰られへん」

そっぽを向いた種田に、田中と仲谷は言い募った。

「頼むから謝ってくれ。ホンマに頼むから」

部長とコーチにそこまで言われたら仕方がない。種田はここでやっと、自ら山上に向かって頭を下げた。

「きょうはノックのとき、打球を拾いに行かなくてすみませんでした」

山上は即座に反応した。

「そうだ！　おまえが一番最初に謝らなきゃいけなかったんだ！　やっとわかったか！」

怒鳴りつけられながら、種田は内心考えていた。うるさいおっさんやなあ。もう二度ときょうみたいなことは言わせせんからな、と。

山上に散々どやされ、謝らされたこのとき、それでも種田は殴られなかった。それがかえって妙な自信になったのかもしれない。

でもね、と、いたずらっぽく笑って、種田はこう付け加えた。

「監督には一度も殴られなかったけど、先輩にはしょっちゅう殴られてましたよ。そりゃそうですよね、ぼくのせいで練習やミーティングが延びたりするのに、ぼくだけが監督に殴られないんだから」

１９８８年春、上宮高校は第60回選抜大会に出場した。高校にとっても、監督の山上にとっても５度目の甲子園である。

山上はこのころ、ベンチ入りのメンバーを選手全員の投票によって決めていた。背番号１から15まで、９つのすべてのポジションにつきひとりずつ、控えの６人と合わせて計15人の名前を紙に書き、みんなで投票するのだ。

投票の前、山上は選手たちに必ずこう言い聞かせた。

「おまえたち全員で、勝てるメンバーを選ぶんだ。自分がこのポジションで一番だと思ったら、自信を持って自分の名前を書け」

その結果、２年から元木、種田、小野寺、内藤と４人が選ばれた。このうち、種田が１番・セカンド、元木が４番・ショート、小野寺が６番・ライトと、３人がスタメンに名を連ねている。種田がサードからセカンドに回ったのは、３年の山本勝がサードに入ったためだ。打撃力で劣る内藤は内野手の控えとしてベンチスタートとなった。

３年でキャプテンの光山は捕手からファーストに回り、７番に入った。オーダーの９人中６

人が3年とはいえ、打線の中軸、内野の要を担った2年が中心のチーム構成と言っていい。山上が元木たちの世代を前面に立てて全国制覇を狙っていることを、はっきり印象づける布陣だった。

初戦の相手は初出場だった徳島の小松島西高校である。戦力からして上宮が断然有利という前評判にもかかわらず、元木はまったく余裕がなかった。初出場の甲子園でいきなり4番に抜擢され、プレッシャーに押し潰されそうになっていたのだ。

「だって、おれ、そのときまでホームランを打ってなかったんだもん。練習試合でも紅白戦でも1本も打てなくてさ、やっぱり高校はレベルが違うわって、ちょっと参ってたころだったんだよ」

とくに驚かされたのは、1年夏の大阪大会で対戦したPL学園高校の野村弘樹と橋本清の球である。初めて見たときは足が竦んだ。

「はっ、速えぇ！」

さすがはPLの主力と言おうか、世の中にこれほど速い球を投げる投手がいるとは思わなかった。実際、バットに当てるのが精いっぱいで、とても前に飛ばせなかった。

「それなのに、初めて甲子園に来てみたら、いきなり4番でしょう。3番と5番の上級生のほうがすげえ打ってるのに、どうしておれが4番なんだよと思ってさ」

第1打席は緊張した。こんなにガチガチになって打席に入ったことはなかった。あとで振り返っても、高校生活で一番緊張した打席だったという。思うようにバットが振れず、あえなく三振に打ち取られた。

しかし、試合は5－0で快勝した。種田が1安打1打点を挙げると、元木も1安打して譲らず。3年もエースの壬生清成が7安打で完封と好投し、光山もお見合いした野手の間に打球が落ちる幸運なポテンヒットで1安打を記録、キャプテンとしての面目を保った。

3回戦の相手は高橋善正、江本孟紀、鹿取義隆ら、数多のプロ野球選手を輩出している高知商業高校だ。エースはこの年のドラフトの目玉と言われ、2位指名ながらも5球団が競合、ヤクルトスワローズに入団した岡幸俊である。

岡はこの3日前、福岡第一高校戦でエース前田幸長と投げ合い、延長十二回の末に完投勝ちしたばかりだった。その疲労によるものか、上宮戦の前々日には38度3分の熱を出して寝込んでいる。それぐらいコンディションが悪かったにもかかわらず、なかなか上宮打線に付け入る余地を与えなかった。

上宮は八回表までに種田の2安打、元木の1安打を含む13安打を浴びせながら、岡から奪った点は僅か2点。2－2の同点で迎えた八回裏、エースの壬生が打たれてついに勝ち越しの1点を許してしまい、高知商に形勢が傾いたかに思われた。

ところが、ここで元木が、のちに巨人監督の長嶋茂雄に「クセ者」と呼ばれたセンスの片鱗を見せる。高知商が押せ押せのムードにのっている中、勝ち越しのタイムリー・ツーベースで二塁塁上にいた岡林哲を、隠し球でまんまと殺すことに成功したのだ。二塁塁審が見ていなかったため、元木はボールを持った右手を高々と上げてアウトをアピールした。元木は、種田の言う「高い頭脳」で高知商の追撃を断ち切ったのである。

その直後の九回表、上宮打線が爆発する。ワンアウトから、代打・長田博昭のレフト前ヒット、中野訓成のセンター前ヒット、元木のショート内野安打で満塁にすると、嘉祥寺信行が中堅手の頭上を越える三塁打を放ち、これが走者一掃のタイムリー・スリーベースとなって逆転に成功した。

3年の嘉祥寺の活躍に乗せられたかのように、2年の小野寺も右中間へ三塁打を打ってこの回4点目を追加する。さらに代打で途中出場していた内藤までがダメ押しのスクイズを決め、高知商を7－3と突き放した。

まさに、元木のワンプレーが呼び込んだ勝利だった。試合後、山上はこうコメントしている。

「こんな勝ち方ができる力がウチにあるとは思わなかった。野球は最後までわからない」

ちなみに、元木と種田は2安打ずつと、相変わらずいい勝負だった。

そして迎えた準々決勝、栃木の宇都宮学園高校（2015年より文星芸術大学附属高校）との一戦は、上宮が12安打すれば宇学が18安打、計30安打が飛び交い、この大会一番の乱打戦となった。五回までに上宮が５－０とリードを奪ったが、宇学も八回に５－５の同点に追いつく。その後、お互いに１点ずつ加えて６－６となり、試合は延長戦にもつれ込んだ。

宇学に２点を勝ち越されて迎えた延長十二回裏、上宮は二塁打と四球２個でワンアウト満塁とサヨナラのチャンスをつくった。小野寺がしぶとく押し出しの四球を選び、７－８と１点差まで追い上げる。

しかし、ここまでだった。宇学の投手に後続のふたりを断ち切られ、終了のサイレンが鳴る。３時間25分の長い試合だった。

それでも、この準々決勝、元木にとっては結果以上に重要な意味を持つ試合となった。四回にレフトへ高校に入って初めての本塁打を放ったのである。しかも、初めて出場した甲子園で、初めて任された４番で。

「あのホームランは大きかった。すごい自信になった。まあ、たまたまと言えばたまたまなんだけど、あれが打てなかったら、いまのおれはないと言うか、ずっと打てなかったんじゃないかな。それぐらい大きな意味を持つホームランだった」

甲子園は人を変える。少年を成長させる。

この選抜大会、元木は最初、足が竦む思いで第１打席に入り、あえなく三振に倒れた。それでも甲子園での初ヒットを打ち、試合にも勝って、ほんの少し自信を持った。次の試合ではヒットが２本に増え、守備でもまんまと隠し球を成功させており、逆転勝ちするきっかけをつくっている。

そして、負けて甲子園を去らなければならなくなった準々決勝で、夢にまで見たホームランを打つことができた。その過程で、自分もチームも大きく成長したと、元木は言う。

「甲子園に出ること、出て活躍することで、みんな強くなるんだよね。選手もチームも、1試合やるだけですごい変わるし、何試合も勝ち進むたびにどんどん変わっていく。それが甲子園というところなんだ」

甲子園でそういう経験をすると、練習試合はもちろん、地区予選でも緊張しなくなるという。それぐらい、甲子園は違うのだ。

「2年の春から先は怖いもんなんかなかったよ。もう、地方球場なんて屁みたいなもん。相手がどんだけ強くても、緊張も負ける気もしなかった。おれたち強くね？　強いよな。負けるわけねえだろ、おれたちが。だよな、実際、こんだけ強えんだもんな。みたいな感じよ、わかる？」

いかにも元木らしい言い回しである。甲子園が高校生に何を与え、どのように変えるのか、これほど率直に、明け透《あす》けに表現できる経験者は元木のほかにいるまい。

なお、種田もこの準々決勝で元木と同様、2安打した。本塁打は打てなかったが、打点は2で元木より1点多い。

結局、最初の甲子園での成績は、元木が5安打1本塁打2打点、種田が5安打2打点。まるで、元木か種田のどちらかが先に出ようとするたび、どちらかがすぐにピタリと食いついて、絶対に離されまいと一所懸命併走を続けているようにも見える。

一方で、監督の山上は、そんな元木や種田を冷静に観察していた。

「あの2年のときの選抜で、彼らは舞い上がってしまったところがあるんですよ。甲子園に行ったら意外にあっさりと結果が出たもんだから、何だ、こんなもんか、おれたちには力があるんだな、と思い込んじゃったフシがね。元木や種田がいくら天才とは言っても、やっぱりまだまだ高校生ですから」

とくに元木については、試合で結果を出せば出すほど、注目度が上がれば上がるほど、かえって一層厳しく躾ける必要があると山上は考えた。のちに元木が3年でキャプテンになると、彼がミスや怠慢と取られかねないプレーをするたび、山上の叱責はなお一層、苛烈さを加えてゆく。

何かといえば山上に怒られている元木を、種田のほうはどう見ていたのか。意外にも、あまりサボっていた印象はない、むしろほかの選手よりもよっぽど熱心に練習するようになっていた、という。

「ぼくらがもう練習を切り上げたいと思っていても、元木だけはいつも真っ暗になるまで率先して練習をやってました。たぶん、元木は元木で、山上先生の期待に応えようと一所懸命だったんじゃないかな。もともとは練習嫌いで、最初のうちはよくサボっていたようですけど、中心選手になってからはまったく変わりましたから」

このころ、練習していなかったのは元木ではなく、小野寺のほうだった。元木や種田と同じようにスポーツ推薦で入っていながら、何かと意地悪をする先輩に嫌気が差し、グラウンドに来なくなってしまったのだ。

小野寺は1年のころから先輩との折り合いが悪く、しょっちゅう練習をサボっていた。そういうときはグラウンドだけでなく、学校にすら来ない。家を空けることも多く、しょっちゅう不良仲間と繁華街を遊び歩いていたらしい。早い話が、グレかけていたのだ。

「一口に言ったら、ハチャメチャでしたね、あのころの小野寺は」

このままほうっておいたら、野球部だけでなく上宮からも飛び出して、何をやらかすかわからない。そんな小野寺を、山上は何度も説得していた。

「そりゃ、練習はキツイだろう。嫌な思いもしてるだろう。いまは野球が面白くないかもしれん。でもな、また甲子園に行けば野球が楽しくなる。おれが楽しくさしてやるから。とにかくグラウンドに出てこい」

それでも、小野寺は戻ってこなかった。

2年で6番、3年で3番を打っていたことからもわかるように、小野寺の打撃力は最初から秀でたものがあった。1989年の春、選抜の決勝でも、東邦高校・原の打球を拾い上げ、捕手の塩路に矢のようなストライクの返球を見せており、肩の強さと守備のセンスも頭抜けている。

種田は何度も、小野寺に言った。

「おまえがおらんとチームとして成り立たんやろ。おれたちが3年になったとき、甲子園で勝てん。だから戻ってこいって」

やがて、夏の大阪大会が始まる前、小野寺は渋々ながら練習に顔を出すようになった。時々は、遊び仲間の誘惑に負けたり、嫌いな先輩にちょっかいを出されて姿を消したりもしたが、そのたびに種田が呼び戻す。そんなことを繰り返しているうち、次第に小野寺のサボる回数が減ってきた。

よくもあんなヤンキーに辛抱強くつきあうことができるもんや。野球部の中だけでなく外からも、そんな声が種田の耳にも届いた。

「そりゃ、勝つために絶対必要な選手でしたから。それに、本当は小野寺って、人間的にはメチャクチャいいやつなんですよ。ただ、ほんのちょっとしたことでおかしくなって、それをズルズル引きずってただけでね」

小野寺の一件以来、種田の周辺では、何か困ったことがあったらアパッチに頼もう、という声が飛び交うようになる。山上が種田に一目置いて、卒業するまで手を出さなかったのも、こういうところに一因があったのかもしれない。

夏の大阪大会を前にして、山上はまたいつものようにベンチ入りメンバーを決める投票を行った。全国大会の甲子園と違って、地区予選では18人までベンチ入りできる。投票の結果、控えの投手として宮田正直が入った。

このころの宮田は相変わらず、真っ直ぐとシュートだけの投手だった。一応、高校ではスライダーを投げるようになってはいたが、大して変化しない。にもかかわらず、宮田には新しい変化球を覚えようという気などまったくないようだった。

山上は、宮田に聞いた。

「おまえ、なんで変化球投げないんだ」

なんでそんなことを聞くんですかと言わんばかりの顔で、宮田は答えた。

「ストレートとシュートだけあれば十分ですから」

「いや、甲子園はそんな甘いところやない！　おまえ、甲子園で勝ちたくないのか」

「勝ちたいです」

「じゃあ、カーブを覚えよう。甲子園で勝つには、タイミングを外す変化球が絶対に必要なんやから。わかるな」

「はい」

宮田は一応うなずいて見せたが、その後もなかなか、カーブを覚えようとしなかった。いや、練習だけはしていたかもしれないが、いざ試合で勝負どころを迎えると、どうしても覚えたばかりのカーブより、もとから自信のある真っ直ぐかシュートを選んでしまう。それでたいていの打者は抑えられるのだからなおさらだった。

しかし、この夏の大阪大会で、宮田はそんな自分の限界を思い知らされた。それと同時に、上宮も甲子園への道を閉ざされたのだ。

４回戦の浪速高校戦だった。１－１の同点で、山上は宮田をリリーフに送った。

「相手はおまえの真っ直ぐかシュートに狙いを絞ってる。カーブをうまく使え」

マウンドに送り出す前、山上がそう言っていたにもかかわらず、宮田はやはり真っ直ぐ頼みの投球しかできなかった。その真っ直ぐを狙い打たれ、勝ち越しの１点を献上し、１－２で負けてしまったのである。

改めて、山上は宮田に言い聞かせた。

「だから言ったやろ！　カーブを投げないと勝てんのやって」

夏の大会が終わり、３年が引退して、上宮はいよいよ新チームになった。

キャプテンは元木、副キャプテンは種田と小野寺、３年の壬生清成のあとを継ぐエースは宮田である。正捕手は塩路ではなく、弘田和典がマスクをかぶった。塩路は入学して間もなく右肘を痛めており、この時期になっても状態がいまひとつだったため、控えに回らざるを得なかったのだ。

宮田が背番号1を背負った一方で、塩路が与えられたのは背番号12。このとき、ふと胸をよぎった一抹の寂しさを、塩路はいまでも忘れていない。

「ああ、おれは中心選手やないんやなあ、という感覚がありました。それで、1989年に選抜に出場したときも、自分の力で出たんやなく、レギュラーに連れて行ってもらったという気持ちのほうが強いんですよね」

これからが勝負だというとき、自分ひとりだけが後れを取って、小学生から一緒に野球をやってきた宮田に肩を並べられなかった。同じスタートラインに立てなかった。そんな酸っぱさを伴った青春期の記憶は、いくつになっても舌の奥から滲み出る唾液のように蘇ってくる。

しかし、エースとなった宮田はこのころ、調子を崩していた。カーブを覚えようと焦るあまり、得意の球種にまで悪影響が及んだのか、真っ直ぐやシュートが打者の手元で伸びない。宮田自身、99年の外傷性くも膜下出血でかなりの記憶が失われたあとも、この時期にいい投球ができなかったイメージは、おぼろげながらもいまだに残っているという。

「どう打たれたか、どう抑えたか、そういう具体的なことまでは覚えてませんけど、ただよく打たれたというのは自分の中に残ってるんですよ。いいピッチングができなかったという記憶は確かにある。なんでそういうことだけ覚えてるのかはわかりませんが」

そんな宮田の投球については、種田が鮮明に記憶している。

「確かに、あの年の宮田はひどかったです。秋の大阪大会の決勝で、近大附属に8点取られて負けてね。あそこからおかしくなった。それまでは、エースらしいというか、うちのピッチャーの中で一番安定したピッチングをしてたんですけど」

この近大附属戦、宮田は8回17安打8失点と散々な結果に終わった。4番を打つかつてのライバル、犬伏稔昌だけは無安打に抑えたが、彼以外の8人にヒットを打たれた。本塁打も1番・倉研二、3番・脇坂浩二、6番・青木繁と、3本を献上している。さらに9番の投手・里田太一にも2安打され、何ひとついいところがなかった。

このショックが尾を引き、近畿大会1回戦の天理高校戦は、宮田はひとりで8点も取られた。初回にいきなり4点を奪われ、山上が立ち直ることを期待して続投させたものの、その後も4点を追加される始末だった。その間に打線が15点も取っていなければ、一方的な展開で負けていてもおかしくなかった。

2回戦（準々決勝）の尼崎北高校戦では、正捕手の弘田に代わって、背番号12の塩路が先発マスクをかぶった。試合前、山上に名前を呼ばれたときは胸が高鳴ったという。

「あっ、スタメンや！　と思いました。とうとうきたか、という感じです」

山上としては、つきあいの長い塩路とバッテリーを組ませ、宮田に調子を取り戻してもらいたいという思惑もあったに違いない。

しかし、宮田の状態は相変わらずだった。打線が初回に1点先制しながら、直後のその裏、宮田が2点取られて逆転されてしまう。もう宮田に任せておくわけにはいかず、山上は2番手投手の高田正典を送った。まだ右肘に不安の残る塩路も弘田に代え、中盤以降は種田、元木にまでリリーフさせたが、試合は終始尼崎北にリードを許したまま、最後は6－8で競り負けている。

それでも、近畿大会のベスト8まで残ったこと、打線の得点力が高野連に評価されて、上宮は翌春の選抜に選ばれた。ただ、種田の胸には、澱《おり》のような不安が残った。甲子園に出られるのはいいが、肝心の宮田は大丈夫なのだろうか、と。

「とにかくボロボロでしたからね。すっかり自信もなくしているようだったし、こんなんで大丈夫かな、と思ってました」

もし宮田の調子が上がらなかったら、甲子園でも自分が投げなければならなくなるかもしれない。そうなれば、東住吉シニア時代の関西大会で、名古屋東シニアに敗れたときのような失敗だけは二度としたくなかった。

そのころ、愛知の東邦高校もまた、前年に続いて89年の選抜出場を決めていた。

来年こそは何としても優勝したい。監督の阪口慶三もエースの山田喜久夫も、紫紺の大優勝旗を夢見て切歯扼腕《せっしやくわん》していた。その焼けつくような思いは、上宮の山上や選手たちにも決して負けていなかっただろう。

上宮と山上は、春の選抜で甲子園に出場すること、80年から5度を数え、その5度目の88年にベスト8まで進出した。一方、東邦と阪口は、77年夏に出場して以来、春に4度、夏に2度、甲子園の土を踏みながら、最高で準優勝2度に終わっている。

その中でも、東邦が最も優勝に近づいたと言われたのが、88年の春だった。上宮が先に準々決勝で敗退したこの年、決勝で選抜初出場の愛媛の宇和島東高校と対戦した東邦は、今度こそ悲願の初優勝を果たすだろうという大方の予想を裏切り、完敗を喫した。

おれは優勝できないのか。しょせん準優勝どまりの監督なのか。67年に監督に就任して以来、20年以上甲子園で敗れ続けていた阪口は、ひとり胸の内で自問自答しながら翌年の春を待っていた。

第6章 折れた歯を拾うな

東邦高校監督・阪口慶三に挑んだ雑草・高木幸雄の戦い

阪口慶三にインタビューしたのは2015年10月、気持ちよい秋晴れの日、岐阜県大垣市の大垣日本大学高校の副校長室だった。04年に東邦高校を去り、05年からこの大垣日大の副校長兼野球部監督に就任してから10年、阪口はいまなおグラウンドで戦い続けている。

07年には春の選抜、夏の選手権と、2大会連続で大垣日大を甲子園に導いた。どちらの大会も同校にとって初出場だったにもかかわらず、春は準優勝、夏はベスト8という健闘ぶりだった。

09年には、やはり高校創立以来初めて秋の東海大会で優勝する。同じこの年、阪口自身にとっても初出場となった明治神宮野球大会でも優勝を果たした。翌10年にも明治神宮野球大会に

2年連続で出場し、このときはベスト4まで勝ち進んでいる。

11年春の選抜でふたたび甲子園の土を踏むと、東日本大震災の被災地から出場していた宮城の東北高校と対戦した。選抜開催、東北高校の出場に疑問や批判の声が飛び交う中、あえて黙々と采配《さいはい》をふった阪口は7－0で勝利している。高校野球の監督としての本分に徹した姿には、東北をはじめ、全国の高校野球ファンから称賛の声が寄せられた。

その11年の5月、阪口は人生で最大の病に見舞われる。脊柱管狭窄症《せきちゅうかんきょうさく》で首に3時間半、腰には5時間もかかる2度の大手術を受けたのだ。以後、40年以上振り続けてきたノックバットは二度と握れなくなり、ふだんも以前よりゆっくり歩かざるを得なくなった。

そうした不自由な身体を押して、14年夏にはふたたび甲子園に出場する。1回戦で茨城の藤代高校と対戦、初回に8点取られてあえなく敗退するかと思いきや、そこから猛烈な追い上げを見せ、最後は12－10で勝つという大逆転劇を演じたのだ。

「涙が噴き出るぐらい感激しました。野球人として最高の思い出ができて幸せです」

そう語った阪口は、この年ちょうど70歳。通算30回目の甲子園出場だった。

取材に訪ねた15年、阪口はまだ休息を迎えてはいなかった。この年は、甲子園出場こそ逃したものの、秋の岐阜大会の決勝でライバルの中京大中京高校をくだして優勝、秋の東海大会に進出している。

副校長室のソファで向き合うと、こちらを見る阪口の目が、秋の夕陽を反射する静かな湖面のように光る。そこに、71歳のいまなお衰えていない、静かな闘志が仄見《ほのみ》えるような気がした。

インタビューの趣旨を説明すると、阪口は開口一番、感に堪えないようにこう言った。

「あのときのことですか。あの思いを言っていいんですか。そうですか。ううん。はっはっはっはっはっ！　いやあ、そうですか！」

阪口の話は、選抜の決勝で上宮高校に逆転勝ちした１９８９年の前年、宇和島東高校と対戦した88年の選抜の決勝から始まった。

「あれは私のね、器量の無さで負けたんですよ。宇和島東は前日の準決勝で、延長十六回までやりました。その翌日の決勝ですから、うち（東邦）はもう、絶対に、絶対に、有利だったんですよ」

阪口の言う通り、宇和島東は前日、準決勝の第2試合で神奈川の桐蔭学園高校を相手に延長十六回、３時間36分のロングゲームを戦ったばかりだった。ひとりで投げ抜いた宇和島東のエース小川洋の球数は実に２２５球に上っている。その前日の準々決勝・宇部商業高校戦は８回、さらにその前の３回戦・近畿大学附属高校戦は９回を投げており、東邦との決勝戦は４日連投となった。そういう起用法が当たり前とされている時代だった。

一方、東邦は前日、準決勝の第１試合で、宇都宮学園高校に４－０で完勝している。こちらの左腕エース山田喜久夫もひとりで5試合、3日連投だったが、宇和島東の小川に比べれば、まだしも疲労度は少ない。

勝てる、と阪口は思った。恐らく、エースの山田をはじめ東邦の誰もが優勝すると信じていただろう。ところが、と阪口は言った。

「決勝戦の二回です。スクイズをやったら、失敗したんです」

まだ0－0で迎えた二回表、東邦は先頭・今田伸一郎のライト前ヒット、続く梅屋仁の右中間二塁打でノーアウト、二・三塁と先制のチャンスをつくった。次打者の山中竜美に強攻させたところ、セカンドゴロに打ち取られてワンアウトとなる。

ここで打席に入った西村崇への2球目に、阪口はスクイズのサインを出した。首尾よく西村がバントを決めれば先制の1点、と思われた打球は西村の足下に転がり、ファウルになる。阪口は歯嚙みして悔しがった。

「ど真ん中のスライダーだったんです。ど真ん中でファウルですよ。あんな球をどうしてバントできないんだ！　何をやっとるんだ！　と思いました」

仕方なく打って出ろとサインを変えたら、西村はセカンドゴロ、続く竹藤実もショートゴロに打ち取られて万事休す、である。

直後の二回裏、山田が三遊間への内野安打で宇和島東の先頭打者を出すと、自らの野選と四球もからみ、ワンアウト満塁とされる。ここで左打者にカーブを流し打ちされ、2点を先制されてしまった。

山田が五回にも4点を追加され、0－6と一方的な展開になると、もう試合は動かなかった。こうして、阪口は自分にとって初めての優勝を逃したのである。振り返れば、二回の表裏の攻防がすべてであり、勝負の明暗を分けたと言っていい。

なんであんなに有利だった試合で負けたんだろう。何がよくなかったんだろう。

しばらくしてから、阪口は愛知県愛知郡長久手町（のちの長久手市）の自宅で決勝戦のビデオを見た。とりわけ悔やまれてならなかったのはやはり、二回の先制のチャンスでのスクイズ失敗である。

あのとき、どうしてうまくやれなかったのか。そう思いながら、問題の場面が目の前で再生されたとき、阪口は、あっ、と思った。

「そのとき、私の顔がね、バントを失敗した選手を見てる顔がですね、なぜこんなボールをバントできないんだ！　と、そういう顔で見てるわけです。なぜ失敗したんだ！　あれだけ練習したじゃないか！　と、そういう目をして選手を見てたんですね」

そう説明しながら、軽く睨みつけるような目をして見せる阪口の顔は、71歳のいまでも十分怖い。これがまだ四十代という若さで、しかも甲子園での決勝戦の最中、本気で睨みつけたら、18歳の高校生にはどれぐらい恐ろしく見えることだろう。

鬼の形相だったんですか。そう尋ねると、阪口はうなずいた。

「はい」

そんな自分の顔をビデオで見ていて、阪口ははたと気がついた。あのときは、バントを失敗した西村自身、しまった、と思っていたはずだ。そんなとき、おれがあんな顔をして睨んだら、萎縮した心を握り潰すようなものだ。選手たちも、せっかくの持てる力を発揮できなくなってしまう。

一方、宇和島東の監督・上甲正典は、常に笑顔だった。先制した二回、追加点を挙げた五回と、いつも笑いながら選手に何事かささやき、打席へ送り出している。さも、気楽にやれ、リラックスしていけばいいんだよ、と言わんばかりに。

上甲がいつも爽やかな笑みを浮かべていることはこの大会期間中、ちょっとした評判を呼んでいた。マスコミに「上甲スマイル」と名づけられて、優勝した直後は随分もてはやされていたものだ。

それに比べて、反対側のベンチにいる自分の顔はどうだ、と阪口は思わないではいられなかった。あれではまるでお不動様のようではないか。

振り返れば、自分はずっと、おれについてこい、でやってきた。二十代や三十代のころなら、教え子との年齢も大して離れていなかったから、それでよかったかもしれない。

しかし、自分ももう若くはない。四十代になったいま、自分の子供ほども年の差がある選手を昔と同じように怒っていては、彼らに野球を教え、導くどころか、かえって野球をやる気を失わせてしまいかねない。

「私は反省しました。なんであそこで笑ってやれなかったのか、と。あのバントの失敗のとき、ああ、いいよ、いいよ、気楽にやれよと、私が選手に言ってやれたら、うちに先制点が入ったかもしれなかったんです」

以来、阪口は試合で笑うことを心がけた。厳しい勝負どころの場面になればなるほど、ここで冷静にならなければいけない、ゲームの中に入り込んではいけない、入り込み過ぎてはいけない、むしろゲームを外から眺めているようでなければいけない、と。

ついつい厳しい顔つきになってしまう自分を戒めるため、阪口は試合前、必ず自分の手のひらに「笑」の一文字を書くことにした。試合中、ピンチやチャンスを迎えるたび、手のひらの「笑」を見ては、笑顔で選手に助言し、グラウンドに送り出すように努めた。

それでも、ときにはやはり自分を見る選手の顔が強張《こわば》っている、動きもぎごちない、と感じることもある。さては、無意識のうちにまたおれが怖い顔をしているのではないか。そう思ったら、イニングの合間に野球部長の和田悟をベンチ裏へ引っ張っていき、自分の顔を突き出して確認を求めた。

「先生、どうですか、ぼくの顔は。ゲームの外でやってる顔をしてますかね」

和田はよくこう言ってくれた。

「おお、笑顔だ。いい顔してるよ。大丈夫、大丈夫」

そのたびに、阪口はホッとした。

「そうですか。もしぼくがまたゲームの中に入ったら、そのときはしっかり注意してくださいね。お願いしますよ」

こうして、阪口は柔らかな笑みを自分の顔に刻みつけていったのだ。

「必死になってやってしまうと、どうしても顔がきつく、目つきが険しくなります。試合の中で野球をやるのは生徒です。私は試合の外で展開を楽しみながら采配をふる。平成元年（1989年）は、そういうふうに一線を画した姿勢で臨んだんです」

そんな阪口を、生徒たちはどのように受け止めていたのだろうか。


「阪口先生、そんなこと言ってましたか」

思わず吹き出して、髙木幸雄は言った。

「正直言って、先生にあの顔で笑いかけられても、ぼくらにはとても笑ってるように見えませんでしたよ。ああ、リラックスさせようとしてくれてるんだ、という気持ちはわかるんですけどね」

確かに、阪口に笑いかけられたらむしろ不気味に見えて、かえって緊張してしまうかもしれない。髙木はさらにこう強調した。

「阪口先生って、目の奥が黒く底光りしてるでしょう。あの目が怖いから、やっぱり」

阪口が手のひらに書いていたという「笑」の字も、阪口がサインペンでその「笑」の字を書いている姿も、高木はまったく見たことがない。ましてや、試合中に笑顔でいようと努めているという話など、阪口から直接聞かされたことは一度もないという。

「たぶん、ぼくだけじゃなく、当時の選手は誰も知らないと思いますよ。それ、（山田）喜久夫にも聞いてみてください」

そう語る高木はいま、名古屋市で〈鷹建〉というとび・土工工事を請け負う会社を経営している。ビルやマンションなどの建築現場で作業をする足場を組んだり、コンクリートでビルの壁のような工作物をつくったりするのが主な仕事だ。

26歳でこの会社を立ち上げた高木は、代表取締役として4人の社員を使っている傍ら、自らとび職として現場作業に従事している。なにしろとびだけに、30階建てのビルなどに上ることも珍しくない。

「落ちたら終わりですよ」

よく通る声で、あっけらかんと言った。

「怪我や命の危険は、常にある。でも、やるしかない。ぼくにとっては、高校時代の野球と一緒です。あのときは野球をやるしかないと思った。いまはこの仕事をやるしかない」

そう語る高木は1989年春、上宮高校との決勝に2番・セカンドで出場し、逆転サヨナラ勝ちのホームを踏んだ地元のヒーローでもある。いまでも行く先々で、「あの東邦の髙木さんですよね?」と声をかけられることが少なくない。

もっとも、髙木本人はそう言われることにいささか抵抗がある。甲子園で脚光を浴びた元高校球児の中には、過去の栄光を鼻に引っかけているような手合いもいる。そんな人間と同類だと思われたくない、というのだ。

「もちろん、東邦で3年間、野球をやったということは、自分の中で大きな自信と財産になってます。あの厳しい阪口先生の下で野球をやり切ったからこそ、いまのぼくがあるんですから」

すると、東邦の練習は、例えば30階建てのビルに上るほど厳しかったのだろうか。そう聞くと、髙木はにやりと笑った。

「それは大変でした。先生にはしょっちゅう殴られてましたからね。それこそ、歯も顎も折れるくらい。たぶん、ぼくが一番殴られたんじゃないかな」

阪口もまた、上宮高校の山上烈に優るとも劣らぬ鬼だったのである。

「あれはもう、指導とか練習とかいうレベルじゃなかった。戦いです。阪口先生とぼくとの戦い。音を上げたらこっちの負けだ、この先生に勝つんだ。そう思ってやってました」

1971年5月10日、名古屋市に生まれた髙木が本格的に野球を始めたのは、小学校1年の

ったわけではない。父親は現在の髙木と同様、自分で建築会社を経営しており、とくに野球が好きだったわけではない。

照れ笑いを浮かべて、髙木が言う。

「きっかけはレッドビッキーズです」

『がんばれ！レッドビッキーズ』とは、テレビ朝日で78年に放送された少年少女向けのスポーツドラマである。

原作は石ノ森章太郎の野球漫画で、高校2年の女子がリトルリーグの監督になり、バカにされていた弱小チームを優勝を争うほどの強豪に育て上げてゆく物語だ。そのチームの監督を、当時アイドルだった19歳の林寛子が演じていた。

「あの監督がきれいだったんですよね。野球やってる子もすごく楽しそうだったし、あれに憧れて野球をやりたくなったんです」

通っていた小学校の課外活動で野球をやらせてもらえるのは4年からだと聞いて、それまで待てないと駄々をこねると、母親が地元のリトルリーグのチーム、名古屋西リトルに入れるよう掛け合ってくれた。そんな子供っぽい動機で始めた野球で、甲子園に出場するほどまでになるとは、髙木本人も両親も思わなかったのではないか。3歳年下の弟も同じ名古屋西リトルから東邦に進み、兄に倣って甲子園に行っているのだから、スポーツは何がきっかけになるかわからない。

名古屋西リトルで活躍した髙木は、中学に進んでシニアに上がると、キャプテンに選ばれた。このころには当然、レッドビッキーズより野球そのものに夢中になっている。

そんな髙木のために、父親は大工としての腕を存分にふるってくれた。自宅の庭に打撃練習用のネットをつくったり、夜間練習用の照明をつけてくれたり。おかげで、伸び盛りの髙木もめきめき上達していった。

大阪のボーイズリーグのオール松原やジュニアホークスが上宮高校と特別なつながりがあったように、名古屋西シニアは東邦との間に太いパイプがあった。シニアの代々のキャプテンが、これまでに何人も東邦にスカウトされていたのだ。2歳年上の先輩には、のちに阪神タイガースや日本ハムファイターズでプレーした捕手・山田勝彦。1歳年上に88年の選抜に出場した一塁手・今田伸一郎がいる。

そうした背景があって、髙木もごく自然に東邦へ進んだ。もっとも、だからといって、優遇されたわけではない。むしろ逆だった。

髙木によれば、当時の東邦でレギュラーを期待されて入ってきたのは、エースの山田喜久夫、正捕手の原浩高、外野手でキャプテンになった山中竜美だという。彼らがエリートとすれば、一塁手・村田将之、遊撃手・中川恵造、それに髙木あたりは、しょせん脇役であり、雑草に過ぎなかった。

その証拠にと言うべきか、高木は1年から2年まで、ポジションをいくつも転々とさせられている。名古屋西シニアではバッテリーを含む全ポジションを経験しており、東邦には外野手として入った。1年までそのまま外野手を続けていたら、2年になってサードやショートで守備力を試される。さらに、88年春の選抜が終わったところでセカンドの層が薄くなったため、今度はここに回されてようやく腰を据えてプレーできるようになった。

守備位置のコンバートはシニア時代に経験していたので、それほど苦労はしなかった。大変だったのは打撃改造である。2年の夏の大会が終わったころ、突然、右バッターから左バッターへ転向しろと言われたのだ。

東邦では昼食時間にスイングの練習が行われる。最初は右バッターは右、左バッターは左でふつうに振り、それが終わったら右は左で、左は右で逆方向にスイングをする。バランスを取るための練習で、高木が黙々と左で振っていたら、じっと見ていた阪口に、突然こう告げられた。

「高木、おまえ、きょうから左だ」

阪口の命令は絶対である。小学1年で野球を始めて10年、ずっと右で打ってきたのに、きょうから左で打たなければならない。しかも、来春の選抜大会に出たかったから、この秋の愛知大会から結果を出す必要がある。

無理だ。できるわけがない。そういう思いがつい顔に出てしまったのか、阪口は高木にこう言った。

「一日1000球だ。1000球打て」

一日の練習時間が4時間で、うち打撃練習が2時間だから、その間にティー打撃で1000球打たなければならない。しかも、左でのスイングを固めるため、1キロのバットを振るようにという条件を付けられた。

高木がティー打撃をしている間中、阪口はよく真後ろでスイングを観察していた。目が別の選手を見ていても、高木が芯を外すと、阪口は音で察知する。するとこの、阪口はあの底光りのする目でギョロッと高木を睨みつけるのだ。睨むだけで何も言わず、すぐにそっぽを向いてしまう。

疲れが溜まって、満足にバットが振れず、何度やってもまともな打球が飛ばないときもあった。そうしたら、阪口の容赦ない罵声が飛んでくる。

「何だ、その程度か！　もう打てなくなったのか！」

くそ。声には出さず、高木は吐き捨てた。おれは阪口先生に見限られたのか。しょせんすぐ諦める選手だとでも思われたのか。そう考えると、より一層力を込めてバットを振らないではいられなかった。

これは戦いだ、と高木は思った。阪口先生と、おれとの戦いだ。試練を課した先生に、試練を課されたおれが勝てるかどうかの戦いなのだ。

守備練習になると、阪口の浴びせる猛烈なノックを受けなければならない。怯《ひる》んでいると思われたくなくて、高木は常に大声をあげながら打球に食らいついていった。

打球が顔に当たって鼻血が飛び散っても、阪口は拭うといとますら与えてくれない。打球を捕り損ねると、拳骨《げんこつ》でしたたかに顔を殴られる。あまりに何度も殴られているうちに、口のあたりがおかしくなってきた。ふつうに開いたり閉じたりすることができない。あとでわかったが、顎の骨が折れていたのだ。

こうなると、ものを食べるのにも一苦労である。それでも、阪口は容赦しなかった。

1989年春の選抜を間近に控えたころ、津島市の市営球場で恒例の合宿をしていたときのことだ。ごく平凡なゴロを捕り損ねた高木の目の前に、阪口がボールを転がした。

「それを口でくわえてカゴに入れろ！」

おまえは執念が足りない。執念があったらあの程度の打球は捕れるはずだ。そのボールをくわえてカゴに入れられるぐらいの執念を見せてみろ。どうだ、できるか。

阪口の言いたいことはわかる。簡単に口でボールをくわえて、ポンとカゴに入れてやりたい。それが、阪口の言う執念を身につけるということだ。もっと言えば、阪口との戦いから逃げないということだ。

しかし、いくら何でも、顎の骨が折れたままでは、如何《いかん》ともしがたい。

「あれはカッコ悪かったですね。膝をついてくわえなきゃいけないのに口は開かないし、そういうときに限ってファンの女の子たちも見にきてるしね」

苦笑いする髙木に、ボールをカゴに入れられたのかと聞くと、さすがに首を振った。

「練習中なんで、先生が絶対にこっちから目を切るときがある。そのときを狙って、手でポイッとカゴに入れてました」

歯が折れたこともある。阪口がノックした打球がイレギュラーバウンドして、まともに口にぶつかったのだ。唾を吐いたら血が飛び散って、グラウンドに折れた前歯が落ちた。

そんなときでも、髙木はすぐに阪口に向き直り、声を張り上げた。

「もういっちょう、お願いします！」

そういうときは、ノックをしている監督のほうが病院に行け、と言いそうなものだが。そう尋ねると、髙木はまた苦笑いしながら首を振った。

「阪口先生の場合はそうはいきません。歯を拾おうとしたら、怒られるんですから」

ノックを受けている間、髙木の口からは血が流れ続けていた。前歯が折れた歯茎の穴は神経が剝き出しになっている。しかし、ここで「痛い」と言うことはできない。「痛い」と言ったら負けだ。おれはいま、ただ先生のノックを受けているだけではなく、「痛い」と言わずにこの練習をやり抜く戦いをやっているのだ。

内野のノックが終わったら、次は外野だ。髙木は背後を振り返り、大声で外野手たちに呼びかけた。

「おおい、次、外野いくぞおっ！」

そう叫んだとき、口の周りはもう真っ赤に染まっていた。

トンボを持って待っていた控えの選手が、飛ぶように駆け寄ってきた。

「髙木、ごめん！」

阪口のノックの打球がイレギュラーしたのは、自分がきちんとグラウンドを均してなかったからだ。だから髙木に怪我をさせてしまったのは自分の責任だ、というのだ。

その控えは、小学生だった名古屋西リトルのころから、ずっと髙木と一緒にやってきた選手だった。レギュラーではなく、同級生の練習のためにグラウンド整備をする役割に甘んじている。試合のときはベンチから外れ、スタンドで応援団長としてチームのために声を嗄らしていた。

そういうとき、髙木はいつも控えの選手にこう言って聞かせた。

「おまえのせいと違うから気にするな。おれがしっかり動けなかっただけなんだから」

遠い目をして、髙木が言う。

「あのころの東邦では、毎日そういう戦いをやってたんです」

阪口は、選手の歯が折れたからといって、ノックする手を休めるような監督ではない。顎の骨を折ろうとして選手を殴るような人間でもない。ただ、東邦を強くしたい、試合に勝ちたい、甲子園で優勝したい。そういう目標のためにひたすらノックを続ける。必要とあれば手をあげる。そういうときには力も入る。その結果として、歯や顎が折れたりする。

レギュラーの選手たちは、そういう阪口に負けるものかと思う。負けたくないから自ら練習をやめようとしない。殴られて顎が折れても痛いと言わないし、練習の途中で折れた歯を拾おうともしない。

控えの選手たちは、そういうレギュラーのために少しでも力になりたいと思う。打球がイレギュラーしないようグラウンドに丁寧にトンボをかける。それでもイレギュラーしてレギュラーが怪我をしたら、自分にも責任があると受け止める。

監督が誰にも負けない熱意を持ってレギュラーを鍛え、レギュラーは監督の熱意に負けまいとしてついていき、控えはレギュラーを支えることに責任を持ってグラウンド整備や応援に打ち込む。

阪口には、レギュラーに体罰を加えているつもりは毛頭ない。レギュラーにも虐待されているという意識はさらさらない。そういう練習を周りで見ている控えたちは、自分たちも監督やレギュラーの役に立てないか、自分たちにできることは何なのかと考えている。

髙木が言う。

「それが阪口先生の野球であり、阪口先生の教育なんです。ぼくらの代だけじゃなくて、ぼくらの前の代、その前の代も、ずっとそうやってきた。だから、あのころの東邦の野球は泥臭かった。でも、だから強かった」

そういう当時の東邦でレギュラーを張るのも、並大抵の努力ではできなかった。まして高木の場合、決して実力を見込まれて入ったわけではなく、グラウンドの周辺に生い茂る雑草のような存在だったのだからなおさらである。

毎晩、練習が終わって家に帰るころ、高木はいつも疲労困憊《こんぱい》だった。

東邦の最寄り駅は名古屋市営地下鉄東山線の一社《いっしゃ》駅で、高木の自宅の最寄りの中村公園駅まで一本で帰れる。が、着いてからが大変だった。当時はまだエスカレーターもエレベーターも設置されておらず、地上に出る階段がほかの駅よりもひときわ長い。高木はいつも、階段を一気に上りきることができず、途中の踊り場で休憩しなければならなかった。

しゃがみ込んで息を整えていると、高校生がどうしてこの程度の階段でくたびれているのか、通行人が心配して声をかけてくることもあった。大丈夫かと聞かれ、大丈夫です、ありがとうございます、と頭を下げる。十代のころだっただけに、そういう他人の気遣いがかえって心に痛かった。

やっとの思いで階段を上りきると、母親が車を停めて待っている。その車の中で、つくってきてもらったおにぎりを頬張った。そこで一息つくと、母親にはそのまま車で帰ってもらい、高木は家まで約5キロの道程を走るのだ。

やっと家に帰り着いても、まだ高木の一日は終わらない。高木が小学1年のころ、父親が庭につくってくれた打撃練習用のネットとライトの前で、3歳年下の弟がボールを手にして待っているからだ。その弟に球出ししてもらい、深夜までティー打撃を続ける。阪口に命じられた左打ちを習得するために。

「左打ちへの転向が一番大変でした。でも、あれができなかったら、ぼくは甲子園の試合に出られなかった。その他大勢の部員たちの中に埋もれてたでしょうね」

阪口にどやされ、殴られ、歯や顎が折れるほどの猛練習を課されていなければ、高木は途中で左バッターへの転向を放り出していたかもしれない。生来の負けず嫌いだった高木にとっては、阪口の指導法が性に合っていたとも言える。

2005年に大垣日大の監督となってから、阪口にかつてのように声を荒らげ、拳を振り上げることはなくなった。時代の趨勢に合わせて、子供たちに寄り添った指導を行い、鬼ならぬ「仏の阪口」と呼ばれている。

しかし、もし仮に、と素朴な疑問も湧く。今時の子供たちを、東邦時代の阪口のようなやり方で指導したらついてこられるか。もっと強いチームができるだろうか、と。

当の阪口はこう言っている。

「我慢ということに関しては、いまの子供はやっぱり、淡泊になったでしょうね。燃えるものを身体中に漲《みなぎ》らせて、闘志を前面に出す子供は減りました。ちょっと厳しくすると、それをはねのけて、立ち向かってこないで、ズルズル、ズルズルと、放っておくと落ちるところまで落ちていく。そういう子供が多くなったのは確かです」

　また、世間の風潮として、運動部における体罰への批判も強まっている。ＰＬ学園高校出身の元巨人投手・桑田真澄のように、学校の運動部から体罰を一掃するべきだ、と主張するプロ野球ＯＢも出てきた。これについては、どう思っているのだろう。

「いまは、そういう時代ですからね。それはそれでよしとせにゃいかん。いまは別に体罰をやらなくとも、別の方法があるじゃないかというふうに、私も思っております」

　そして、こう付け加えた。

「体罰という、その言葉自体、いまの私の頭の中からは消えてますよ」

　現役の教育者らしいコメントである。

　しかし、自分は体罰を受けたとはちっとも思っていない、と高木は言う。

「先生に殴られたのは、それだけの信頼関係があったからです。こいつはこれだけ殴っても大丈夫だろう、もっと殴っても負けないだろう、ここまで殴っても心は折れないだろうと、先生がそう思ってるのがぼくらもわかってるから、この程度じゃ負けないぞ、絶対に負けないぞと立ち向かっていけたんですよ」

　心が折れない代わりに歯や顎が折れたわけだが、そのぶん、心は確実に強くなった。

グラウンドを離れたときの阪口は、いつも優しく、人間味溢れる教師だった。そういうふだんの魅力を知っているからこそ、東邦での3年間、阪口についていくことができたのかもしれない。

高木はよく阪口の家に呼ばれ、夫人の手料理をご馳走になったこともある。ときには、そのまま泊まり込んだりもした。

そういうときは必ず、エースの山田喜久夫が声をかけてくるのだ。

「おい、高木、きょう、先生が家に来いって言ってるぞ」

高木はいつも、玄関に来ると、大声で挨拶をした。

「こんちは！　お邪魔しまあす！」

すると、出てきた阪口は大抵、きょとんとしていたものだ。

「おう、高木、よく来たな。まあ、上がれ。どうした？　何かあったか？」

妙だな、と思いながら居間に通されると、そこで待っていた山田が笑っていた。山田は阪口の家に住み込んでおり、先生と顔を合わせているのが気詰まりになると、高木にウソをついては引っ張り込んでいた。

山田は高木と同じクラスで、東邦で一番仲のいい友だちだったのである。

第7章
鬼の妻の背中
住み込みのエース・山田喜久夫が見たもの

元東邦高校のエースだった山田喜久夫は、名古屋市東区矢田南で〈喜来もち　ろまん亭〉というわらび餅の店を営んでいる。店の前からは中日ドラゴンズの本拠地・ナゴヤドームの丸い屋根が見え、歩いて5分とかからない。

ガラス戸を入ってすぐ、厨房のある左手の壁に、こんな手書きのキャッチコピーが書かれた装飾用の紙が貼ってあった。

「ぼくが作ってます!!

プロ野球通算23年、白球を投げ続けたこの手で……今度は『もち』に魂を込めて

感謝と共に、皆様に『喜』びが『来』ます様、喜久夫を文字って『喜来もち』頑張って作っています」（原文のまま）

コピーにある23年のうち、山田が現役投手として在籍したのは、中日に7年、広島東洋カープに1年。引退後は打撃投手に転身し、横浜ベイスターズで8年、縁あって復帰した中日で5年、働いている。

2012年で中日を退職し、プロ野球界を離れてから、NPO法人〈クラブウィニングフィールド〉を創立、明倫野球塾という小学生のための野球塾を始めた。その傍ら、14年から始めたのがこのわらび餅の店である。山田が言う。

「昔から知ってるわらび餅の師匠に、やってみたらって勧められたのよ。プロ野球選手っていったら、みんな大体、焼き肉屋か水商売になるじゃん。和菓子っていうのは、たぶんぼくが初めてでしょう。そういう人がやってないことをやってみようと思ってね」

店内にはお茶を飲みながらわらび餅をつまめるテーブル席があり、右手の壁に現役時代の勇姿のパネルが何枚かかかっている。

その中で一際目を引くのが、フロアの一番奥に飾られた東邦高校時代の写真だ。一目で甲子園とわかるマウンド上、当時の投手の中で最も美しいと評判を取った投球フォームが鮮やかに捉えられている。

その写真の上には、『第60回選抜高校野球大会』と書かれていた。決勝で愛媛の宇和島東高校に敗れた1988年の大会である。

なぜ、決勝で上宮高校に逆転サヨナラ勝ちを収め、優勝投手となった89年の第61回大会ではなく、あえなく負け投手となった前年の大会の写真をかけているのか。そう聞くと、山田はこう答えた。

「このときのフォームが一番きれいだから。89年はもう、手の位置がちょっとおかしいんだよね。身体の開きも早かったし。写真を見比べてみればわかるよ」

確かに、同じ正面から撮影された同じフォームの写真を比較すると、同じように見えて微妙に違う。88年春は胸のTOHOのロゴがまったく見えないのに、89年夏はTの字だけがのぞいているのだ。

「ね、開くのが早くなってるでしょう。そんだけ調子が悪かったんだわ」

しかし、投球の内容はその88年春と89年夏の間、89年春が一番よかったという。

「最高だったのはやっぱり、あの決勝の上宮戦ですよ。4連投で、163球投げて、あの強力打線の上宮に勝ったんだから、これ以上のピッチングはありません」

もっとも、監督だった阪口慶三は別の試合を山田のベストに挙げている。2回戦でぶつかった兵庫の報徳学園高校戦だ。この試合、山田は五回までパーフェクト、六回まで四球1個、七回ワンアウトから初安打を許すまでノーヒットノーラン、最終的には2安打完封勝利という圧巻の投球である。

「あの報徳戦が一番でしょうね。スピード、キレ、コントロール、すべてが最高だった」

阪口はそう言うのだが、山田自身は上宮戦こそが最高の投球だったと譲らない。

「だって、上宮の強力打線を抑えて勝ったんだから。あの大会、どこの打線がすごかったかと言ったら、誰が見ても上宮か（東京の）帝京でしょう。ただ、帝京は1回戦で報徳に負けちゃったんだよね。うちが2回戦で帝京とぶつかってたら、決勝までいけたかどうかわからんな」

そんな話を聞いていると、女性のお客さんがひとり、店に入ってきた。わらび餅の8個入りと6個入りのパックを1箱ずつ注文し、ニコニコしながら山田に言う。

「あのう、わたし、東邦のエースだったころから、喜久夫さんのファンなんです」

「ああ、ありがとうございます」


山田喜久夫は1971年7月17日、愛知県十四山村（2006年から弥富市）に生まれた。父親は公務員で、勤め先の野球部と友人たちとつくった草野球チームの両方で野球をやっていたというから、相当な野球好きと言っていい。そんな父親の影響で、山田も小学2年から野球を始めた。

ただし、リトルリーグやボーイズリーグには入っていない。父親の知人や友人がやっている草野球チームに入れられ、最初は球拾いばかりやらされていた。

当然、使っていたのは硬球ではなく、軟球である。硬式をやるのは高校に入ってからでも遅くはないと、父親が判断したのだ。

「小さいころから硬式をやったら、肩、肘を痛める危険がある。そんで壊れちゃったからって軟式へ戻ろうとしても、もう戻れないんだよ。軟式から硬式には行けても、硬式から軟式には戻れん。だから、中学までは軟式でやろう、ということに決めたんです」

そうした考えから、山田は中学に入ってもリトルシニアやボーイズリーグに入団せず、村立十四山中学校のクラブに入って野球を続けた。

東邦高校の阪口との出会いは、中学2年のときである。父親の知り合いに、合宿の見学に連れて行かれたのだ。

胸にＴＯＨＯと書かれた真っ白なユニフォームが、目に眩《まぶ》しいほどかっこいい。練習の合間、阪口に引き合わされる。まだ身長160センチそこそこながら、左投げのエースとして自信をつけていた山田は、目を輝かせて阪口に訴えた。

「ぼく、東邦で野球をやりたいんです！」

「そうか。まだ、身体ちっちゃいね。ぼく、練習を頑張るんだよ」

それが、阪口の最初の返事だった。

言われた通り、山田は頑張った。愛知県下で屈指の左腕投手として頭角を現し、中学3年で県大会に優勝、全国大会でも活躍して、一躍、地元はもちろん全国の高校からも注目される存在となる。夏が終わると、大阪からPL学園高校までスカウトにやってきたのには、山田自身もびっくりした。

当然、地元の強豪校も山田を獲得しようと血眼《ちまなこ》だった。県下で最多の甲子園出場回数を誇る中京高校（95年から中京大中京高校）をはじめ愛知工業大学名電高校の中村豪、享栄高校の柴垣旭延《あきのぶ》ら、全国にその名を轟かせた名監督たちも続々と弥富市の片田舎に足を運んできた。

そんな錚々《そうそう》たる顔ぶれの中に、東邦の阪口もいたのである。かつて、山田の訴えを笑いながら聞き流していたあの阪口が、ぜひうちに来てほしいと、十四山中学の野球部の監督に頭を下げているのだ。

それで、おまえはどこへ行きたいんだと、中学の先生に聞かれて、山田は答えた。

「やっぱり、東邦に行きます。いっぺん断られたところが、来てくれといってくれてるんですから」

山田は1年かけて、自分の力を阪口に認めさせた。そういう監督の下で甲子園を目指したい、と思ったのだ。

ただし、阪口はひとつだけ条件を付けた。山田を自宅から通わせるのではなく、自分の家に下宿させたい、というのである。

阪口の家は、愛知郡長久手町（のちの長久手市）にあった。名古屋市の東側に隣接しており、ベッドタウンとして知られている。

阪口の家に寝泊まりさせてもらえば、弥富市にある山田の家から通うより、行き帰りにそれほど時間がかからない。そのぶん、野球の練習に打ち込める。阪口は社会科の教師でもあるから、高校生の本分の勉強に取り組むのにもちょうどいい。

でも、と、にやりと笑って山田が言う。

「先生の一番の目的は、いろんな誘惑を断ち切ることにあったんです」

そう言って、自分の顔を指差した。

「ぼく、いまはこんなおっさんになってますけど、こう見えても高校生のころはね、何て言うのかな、おぼこかったんですよ」

おぼこい。関西弁や名古屋弁で、実年齢の割に、幼げな、無邪気な、初々しいという意味である。事実、甲子園で全国に顔と名前が知られると、山田はアイドルとしてファンの女の子に追いかけ回されるようになった。追っかけギャルの人気なら、上宮の元木大介にも引けを取らなかったかもしれない。

東邦は男女共学だったから、1年ですぐにエースとなった山田は、全校の女子にとって一番の注目の的となる。弥富市の家から名古屋市営地下鉄に乗って高校に行くとなると、女の子たちが山田の周りに群がり、熱い視線を注いでくるだろう。当然、16歳の高校生の男の子が気にしないでいられるわけがない。

「そういう面で、坂本さんのときに失敗したという思いがあったんです、阪口先生には」

坂本佳一は1977年夏、東邦が甲子園で準優勝したときのエースである。当時、まだ1年ながら、決勝に勝ち上がって兵庫の東洋大学附属姫路高校と対戦、延長十回まで投げ抜き、最後にサヨナラ3ラン・ホームランを打たれて敗れ去った。

その端整な顔立ちと華奢《きゃしゃ》な身体つきで力投する姿が人気を博し、ファンに「バンビ」と呼ばれて愛された。バンビはウォルト・ディズニーが42年に製作したアニメ映画の主人公で、愛らしい小鹿の名前だ。この愛称は坂本以後も長らく定着し、高校野球の季節がめぐってくるたび、マスコミが新たなアイドルに「バンビ二世」「○○高校のバンビ」などと名づけてもてはやした時代が続く。

しかし、坂本自身は、伝説となった1年夏を最後に、二度と甲子園のマウンドに上がることはなかった。次に阪口が東邦を率いて甲子園にやってくることができたのは、すでに坂本が卒業した翌年の80年である。

坂本がいくら懸命に自分を律しようとしても、16歳で毎日のように誘惑に駆られては、野球だけに集中するのは難しかっただろう。以来、阪口は野球部員の男女交際にも厳しく目を光らせるようになった。

実際、山田には、校内で女子生徒としゃべっていただけで、阪口にすごい剣幕で怒鳴りつけられた記憶がある。

「おまえ、何をチャラチャラしとるんだ！　女ボケしやがって！」

女の子の対策はどこの高校の監督にとっても悩ましい問題だった。上宮高校の山上烈にしても、女の子からのファンレターやプレゼントを直接受け取ることを、選手に固く禁じていた。一番の人気者だった元木大介が山と積まれた手紙や贈り物をもらえたのは、もう高校を卒業するときだったという。


山田は阪口にとって、坂本以来、ようやくつかんだ切り札だった。今度こそ、甲子園で悲願の優勝を果たすためにも、自分の手元に置いて徹底的に鍛え上げたかったのだ。そのころの心境を、阪口はこう振り返っている。

「これだけのチャンスはもうないだろう、と思いました。山田を獲ったからには、絶対に失敗できない。今度こそ甲子園で勝たなきゃいけない。そういう思いだったんです」

阪口は50年近い監督人生の中で、山田を含めて４人の投手を下宿させている。その中でも、山田のコントロールは群を抜いていた。

そういいコントロール、いいボールはいい投球フォームから生まれる、というのが阪口の持論だった。山田は、阪口によくこう言われたことを覚えている。

「いいか、いいフォームだったら、何球でも投げられるんだ。いい投げ方をしていれば、２００球でも３００球でもいいボールがいくもんなんだよ」

高校野球で投手の連投が問題視され、球数制限まで提唱されるようになった今日では、極めて危険な考え方だと見なされるかもしれない。阪口自身、これはあくまで昔の考え方であり、現在も大垣日本大学高校でそういう指導をしているわけではない、と語っている。

ただ、美しいフォーム、理に適《かな》った投げ方さえすれば、球数の割に肩、肘への負担が少なくなるという考え方には一理ある。山田がそういう理想的なフォームをしていることに、阪口は惚れ抜いていたのだろう。

その阪口が言う。

「だから、ぼくはもう、山田を徹底的に鍛えました。山田のほうにも、何くそ、とこちらに立ち向かってくるところがあった」

甲子園の厳しい試合で連投ができるようにするためには、もっとスタミナをつけ、下半身を強化しなければならない。チーム全体の練習が終わると、阪口は山田にタイヤ引きをやらせた。腰に巻いたロープの先に大型車両用の古タイヤをくくりつけ、これを引きずりながらグラウンドを走らせるのだ。

タイヤの重さは約7キロだ。ほかの選手が1個のところを、阪口は山田にだけ2個引かせた。

それでも、山田はめげなかった。2個で14キロのタイヤを、歯を食いしばって引きずり続けた。すると、突然、ズシリと古タイヤの重さが倍加した。いや、倍以上だった。振り返ると、タイヤの上に阪口が乗っていた。

それでも、晴れている日はまだいい。雨でグラウンドがぬかるむと、タイヤは少々足腰に力を入れたぐらいではなかなか動かない。そんな練習をしていたら、逆に足腰を痛めるのではないかと聞くと、山田はうなずいた。

「そうだよ。だから、先生が見てないときはやらなかった。あんな練習、ずっと真面目にやっとったら壊れちゃうもん。適当に手抜きもしないとね」

そして、にやりと笑い、こう付け加えた。

「東邦ではそういうセコさも学んだんです。阪口先生に厳しい練習をやれやれ言われて、ただまともにやってるばかりが能じゃない。自分の身体は自分で守らなきゃいけないんだから、ヤバイ、故障すると思ったら、自分でうまいこと抜かないとさ」

ましてや、山田の場合、阪口の家へ帰ってからもトレーニングが待っているのだから、なおさらだった。腹筋、背筋、腕立て伏せ、親指と人差し指の指立て伏せ、それらが終わったらさらにシャドーピッチング。

阪口の熱のこもった指導が、夜の12時前に終わることは滅多になかった。一年間365日のうち、大型連休も夏休みもなく、大晦日まで練習を続けて、休みは元日の1日だけ。1月2日には自らグラウンドに立ち、大声を張り上げてノックバットを振るった。

「いまはもう、そんなことはできませんけどね。練習は12月29日までやって、年明けは1月5

日の朝10時からと決まってます」

それも時代の流れですか、と問うと、阪口は、はっはっはっ、と声をあげて笑い、首を振った。

「それはねえ、やっぱり、この年になるとねえ、正月は休みたいから」

当時、実際の職分は一介の高校教師に過ぎなかったはずなのに、阪口が野球と甲子園にかける情熱は、ときに執念以上の狂気の域に入っているようにさえ見える。事実、東邦では「鬼の阪口」「阪口鬼三」などと呼ばれて恐れられていた、といまでもウィキペディアに書いてあるほどだ。

いったい、どのような人生を経て、阪口は「鬼」になったのか。

阪口慶三は1944年5月4日、名古屋市に5人兄弟の三男として生まれた。日本が太平洋戦争の最中にあった時代で、敗戦の1年前にあたる。

父親が営んでいた家業は三味線《しゃみせん》の駒の製造と販売である。

駒とは弦を張るのに使われるもので、三味線本体と弦の間に挟み、弦の振動、即ち音色を伝えるのに極めて重要な役割を果たす部品だ。材料は象牙や水牛の角から鼈甲《べっこう》、桑の木、竹まで、音楽の種目、演目などによって細かく分かれている。地唄や義太夫は水牛、長唄は象牙、津軽三味線は竹で、曲調、楽器の状態、その日の天候などによっても形状や材質が変わってくる。

特殊な技術と長年の経験を必要とする伝統的な職人仕事だ。阪口によれば、彼が子供のころは、本格的な三味線の駒をつくっているところは、阪口家を含めて日本に7軒ぐらいしかなかったという。

「駒って、うちでは糸受けと言ってました。昔はみんな手仕事だったそうだけど、それを親父と一番上の兄貴が研究して、機械で駒をつくれるようにした。そうやって稼いだお金で、私は学校に行かせてもらったんです」

父親の方針により、兄弟5人は全員武道やスポーツをやっていた。長男が柔道、次男と四男が剣道、そして三男の阪口と五男が野球である。物も食料も乏しかった戦後、5人の子供たちを学校に通わせ、スポーツまでやらせていた父親の経済的負担は並大抵ではなかっただろう。しかも、阪口がバットやボールを与えられて野球を始めたのは4歳のころだというから、相当熱心だったに違いない。

それだけに、父親はふだんから非常に厳しかった。高校野球の監督になってからの阪口も厳しいとよく言われるが、父親はそれ以上だった。そんな父親に子供のころ言って聞かされた言葉は、いまも阪口の耳の奥にこびりついているという。

「何事も努力が肝心だ。人に負けるな。勉強でもスポーツでも一番を目指せ。やるからにはてっぺんまでいくんだ、てっぺんまで」

当時としては身体が大きいほうで、野球に有利な左利きだったこともあり、阪口は練習に没頭した。このころから古豪として知られていた東邦高校に進み、投手兼一塁手として存在感を発揮、61年春の第33回選抜大会で、控え選手ながらベンチ入りを果たす。16歳の春、生まれて初めて甲子園の土を踏んだときの感激は、71歳になっても忘れられない。

「開会式で、ライトのところからグラウンドに入場するでしょう。リハーサルのときから雲の上を歩いているような感覚だった。まだ練習だからと言われても、とてもそうは思えなくてね。イッチニー、イッチニーって、手と足が一緒に動いちゃうんだ。なんでだろうって、自分でもわかってるんだけど、これが何度注意されても直らなくてねえ」

入場行進の際に緊張するあまり、同じ側の手と足が前に動いてしまう高校球児はいまでもいて、しばしば笑いのタネになる。阪口には、そんな生徒の心境がよくわかるという。

「そういう生徒はそれぐらい感激している。入場行進はそれぐらい素晴らしいものなんだということですよ」

東邦と大垣日大とを合わせて、監督として30回甲子園に足を運んでいる阪口は、いまだに入場行進になると感極まるという。今年もまた、子供たちを連れてここまでくることができたかと思うと、ふと目頭が熱くなるのをこらえきれない、と。

「みんな、よく私についてきたな、よく我慢したなと、そう思うとたまらなくてね。最近はハンカチで目を拭う時間が長くなったな。年のせいか、涙もろくなってきました」

もっとも、だからといって、最初から母校の監督になろうと思っていたわけではない。

東邦高校を卒業後、愛知大学に進んだ阪口は当初、銀行マンを志していた。都市銀行大手の東海銀行（のちに三和銀行と合併してＵＦＪ銀行、さらに東京三菱銀行と合併して三菱東京ＵＦＪ銀行）に入り、てっぺんを目指せという父親の教えに倣って、ゆくゆくは頭取になろうという夢を抱いていたのだ。

「そのために教職課程を取ったんです。銀行に就職するにも、教職を取っておいたほうが何かと有利でしたから。別に、東邦に戻ろうと思ってそうしたわけじゃないんだが」

そこへ、東邦のほうから、こちらに戻ってきて野球部の指導をしないか、と誘いの声がかかった。愛知大学では中軸打者として活躍しており、教職課程も取っていたから、野球を教えさせるために呼び戻すにはうってつけだと思われたらしい。相談を持ちかけた父親にも、こう諭された。

「おまえの性格だったら野球をやったほうがいいだろう。せっかくこうして、帰ってこいと言われていることだし」

当時の東邦にはまだ、阪口の恩師が監督として在籍していた。社会科の教師として母校に赴任した阪口は、最初のうち、その恩師の下で10年か15年、コーチ修業をしようと気長に構えていたという。

ところが、着任早々の67年4月1日、校長室に呼び出されて、こう告げられた。

「きょうから監督だ！　自分の野球で中京を倒してみろ！　倒して甲子園に行くんだ！」

東邦は34年春の選抜大会で甲子園に初出場初優勝を果たして以来、県下でも屈指の強豪として知られていた。阪口が母校に復帰する前、65年までに甲子園に出場した回数は春夏合わせて16回に上る。

しかし、ここ数年は中京高校の後塵を拝し、大きく差をつけられつつあった。選抜でこそ「春の東邦」と言われるほどの常連になっていたものの、夏になると県大会で中京の壁を打ち破ることができない。

平岡博という校長は65年に赴任したばかりで、自分も東京大学で野球をやっていた経験があっただけに、この現状に我慢がならなかった。私学の生徒集め、受験生集め、つまり学校経営が野球部の活躍如何にかかっているのに、いまも昔も同じだ。何としても中京をくだし、甲子園に出場して、全国に東邦の名をアピールしなければならない。

とはいえ、ここで阪口がうなずけば、恩師が監督を解任されてしまう。何度も固辞の弁を繰り返したが、平岡は目の前でバンバン机をたたき、声を張り上げて言い募った。

「私の言うことを聞きなさい！　これは人事命令だぞ！」

そこまで言われたら、監督を引き受けざるを得なかった。まだ大学を卒業したばかりの22歳のころである。

当然のことながら、就任1年目は練習試合で連戦連敗だ。日曜日に試合で負けるたび、月曜日に校長室へ顔を出し、敗戦報告をするのが阪口の義務になった。それで校長に苦労をねぎらってもらえるのならまだしも、いつも目の前でバンバン机をたたき、頭ごなしに怒鳴りつけてくる。

「何だ、このザマは！　努力が足りないんだよ、努力が！」

校長だけでなく、OBたちからも批判の声を浴びせられた。有力なOBに呼び出されては、ふだん何を教えているのか、自信がないのか、それならなぜ監督の就任要請を受けたのかとつるし上げを食う。

あまりのストレスに胃潰瘍になり、72キロあった体重が58キロにまで減った。医者には手術を勧められたが、そうすると学校も野球部も休まざるを得なくなる。野球部の監督にと見込まれて呼び寄せられたのだから、監督ができなくなればクビにされかねない。

阪口は投薬だけで症状を抑え、胃の痛みをこらえながらグラウンドに立ち、選手に向かって声を張り上げ、ノックバットを振った。

それでも、試合で結果がついてこないと、校長はさらに言い募った。

「もっとライバル校の野球を勉強してこい！　きみを監督にしたのは、中京に負けるためではないぞ！」

バンバン机をたたいて、阪口を睨みつけた目が血走り、髪の毛が逆立っていた。少なくとも、阪口にはそう見えた。

監督就任2年目の1968年、阪口は中京大学に野球部監督の滝正男を訪ねた。

滝は中京高校の前身・中京商業学校時代に選手として37年夏、38年春の甲子園で優勝、監督としても54年夏、56年春の甲子園で全国制覇を成し遂げている。その後、中京大学の監督に就任して、こちらも常勝チームに育て上げた。当時から「中京野球をつくった男」「中京中興の祖」と呼ばれ、全国にその名を轟かせていた名将である。

その滝に、阪口は頭を下げて頼み込んだ。

「私に、野球を教えてください」

「きみ、ええ度胸しとるな。よくライバルのところに来られたもんだ」

驚いた滝は、それでも親切に中京野球の何たるかを教えてくれた。阪口が振り返る。

「中京野球と言えば、機動力でしたからね。どういう状況で盗塁やエンドランのサインを出すのか、どういうタイミングでランナーにスタートを切らせるのか、そういうところをじっくり勉強させてもらいました」

当時、中京高校の監督は杉浦藤文である。こちらは66年に甲子園で春夏連覇した実績を誇り、83年に体調を崩して退任するまで、甲子園出場は春夏合わせて13回を数える名監督だ。この杉浦率いる中京を破ることが、校長から与えられた至上命令だった。

とはいえ、まさか杉浦の下に出向いてまで教えを請《こ》うわけにはいかない。

県大会で中京の試合が行われるとき、阪口は授業や練習の合間を縫って視察に行った。バックネット裏に陣取り、膝の上にノートを広げ、杉浦がどんな采配をふるか、どんな状況でどんな作戦を取るか、じっと目を凝らして観察しては細かいメモを取った。

「できることは何でもやった。中京を倒さん限り、甲子園はない。校長にも散々そう言われてたし、私自身もそう思ってたから」

しかし、そうやって勉強を重ねれば重ねるほど、阪口は中京とのレベルの差を痛感させられた。杉浦に比べれば自分はまだまだ未熟だ。その杉浦野球が浸透した中京の選手たちも、東邦の選手たちとはものが違う。

おれ自身、まだまだ勉強が必要だ。それと同時に、東邦の子供たちにも、もっともっと練習させなければならない。

阪口は、東邦の選手たちに言った。

「中京の選手がステンレスなら、おまえたちはブリキだ。だが、たとえブリキでも2枚、3枚と重ねればステンレスと対等に戦えるんだ。だから、おまえたちは中京の2倍、3倍練習するんだ！」

こうして、阪口は鬼になっていったのだ。

監督就任3年目の1969年、胃潰瘍の身を押して、10キロ以上も痩《や》せ細るほど続けた「努力」と「勉強」が実を結び始める。この年の夏の県大会でついに中京を破り、初めて甲子園出場を果たしたのだ。その後、70年夏、71年春夏と出場を続け、1年おいて73年は春夏連続で東邦を甲子園に導いた。このうち70年夏、71年春、73年春と、3度ベスト8に進出している。

阪口にとって、この時期が指導者としての最初のブレークだったと言っていいだろう。その最大の恩人はやはり、しょっちゅうバンバン机をたたいては、大声で怒声を浴びせてきた校長だった、と阪口は言う。

「私が今日あるのは、50年近くも監督としてやってこられたのは、ひとえにその平岡校長のおかげです。あの校長がいたから、野球を勉強して、采配を勉強して、頭でも身体でも野球を覚えられたわけですから」

平岡校長は、阪口先生を上回る鬼だったということですか。この質問に、そうです、と阪口は即答した。

「私にとっては鬼だったんだけれども、大学を出たばかりの22歳のころ、無理やり監督にされたことが、いまになってみればよかったんでしょう。鉄は熱いうちに打てと言われるように、私もガンガン打たれたわけです」

校長と喧嘩したことはないのですか。そう尋ねると、ああ、ありますあります、何度もありますよ、という答えが返ってきた。これも即答だった。

「校長室へ行って、辞表をぶつけたのが何回だろう。10回じゃすまんね」

あまりにひどい言葉を校長にぶつけられ、阪口もさすがに耐えかねたときである。校長の話の途中で、負けじと大声を張り上げた。

「わかりました。そこまで言われるんなら、きょうをもって監督を辞めます！」

そう宣言して校長室を出て行き、職員室に戻って退職願を書くと、校長室にとんぼ返りしてくる。そして、退職願の入った封筒を、バン！　と校長の机にたたきつけた。

「辞めたるわ！」

受け取るか、突き返されるか、あとは校長次第である。午後3時10分、終業のチャイムが鳴り、阪口が職員室に戻ると、不意にこの部屋専用の固定電話が鳴った。電話の近くにいた教師が出て、阪口を呼ぶ。

受話器を受け取り、電話に出ると、声の主はついいましがたまでやりあっていた校長の平岡だった。

「今夜、○○で待ってるから、ちょっと来いよ。9時半ごろまでいるから」

阪口は授業のあと、毎日夜8時まで野球部の指導をして、それから着替えたり、雑用を片づけたりするから、どんなに早く仕事を片づけても、9時半までは学校から出られない。阪口がそう言ったら、どんなに遅くなっても構わないから、自分の行きつけの小料理屋に来てほしい、と校長が言うのである。

よくこんな時間からでも食事をさせてくれる店があるものだ。恐らく、校長が相当無理を言っているのだろう。そう思いながら指定された店の座敷に顔を出すと、豪勢な料理を用意させて平岡が待っていた。

「よくこんなに遅くまで頑張ってくれるな。ありがとう。腹が減ってるだろう。きょうは好きなだけ食べていってくれ」

これが、校長ならではの謝罪だった。酒を飲まず、贅沢を知らない阪口にとって、これほどありがたい慰労はなかった。そして、腹いっぱい食べ終わったころには、明日も学校へ行こう、野球部を強くするためにもっと頑張ろう、と思うようになっていた。

「つまり、怒ったあとのフォローです。これがいかに大事か、校長に教えられました」

阪口はやがて、野球部の選手たちを怒鳴ったり殴ったりするだけでなく、褒めるときはしっかり褒めるように心がけた。おお、よう頑張ってんな！　おお、いまのプレーはいいぞ！　そのバッティングだよ、そのバッティング、やればできるじゃないか！

「私は鬼だ、鬼だと言われるけれども、鬼になったぶん、フォローもしてるんです。そういうことを若いころ、22、23歳のころに教えられたのがよかったんだ。だから、いまでも身に染みついてるんだと思う。怒ったらフォローを忘れちゃいかん、ということがね」

鉄は熱いうちに打て。それは選手だけではなく、指導者にも当てはまる言葉らしい。

胃潰瘍を患ったあとも、阪口は何度か体調を崩している。二十代のころ、最も深刻だったのは肝硬変だ。酒を飲まないのに肝臓の病気を患った原因は、過労にほかならない。このときは授業中に倒れて病院に担ぎ込まれ、１００日間入院する羽目になった。

日々の練習はもちろんのこと、授業による疲労も決して軽くはなかった。

東邦では、野球部の監督をしているからといって、授業の数を減らすような特別扱いはしてくれない。担任のクラスを持つことだけは免除されたものの、ほかの教師と同じように、週に10時間、社会科の教師として地理の授業の教壇に立たなければならなかった。

授業をするには、そのための準備をしておく必要がある。とりわけ二十代のころは地理の教師に成り立てだから、勉強しておくべきことが非常に多い。だが、阪口には毎晩8時まで野球の練習がある。着替えて学校を出られるのはだいたい、9時45分か50分だ。

阪口の自宅はこのころ、岩倉市にあった。名古屋市営地下鉄と名鉄犬山線を乗り継いで岩倉駅まで帰り着き、食事と風呂を済ませて、明日の授業のための勉強に取りかかれるのは、もうとうに深夜の12時を回ったころだ。

よし、きょうはこのくらいにしておこう。そう思って時計を見たら、いつも2時半から3時になっていた。机の横ではかいがいしく世話をしてくれた女房が舟を漕いでいる。

ずっとこんな生活を続けていたら、肝臓のひとつも壊すだろう。阪口と同様に、いや、ひょっとしたらそれ以上に、妻の苦労も相当なものだったはずだ。

妻とは同い年で、24歳のときに結婚した。名前は睦子といい、のちに阪口との間に一男一女をもうけている。夫と子供ふたりの世話をするだけでも大変だった上に、長久手市に引っ越してからは阪口が山田喜久夫のような野球部員を下宿させていたのだ。若いころは恐らく、毎日が目の回るような忙しさだっただろう。

山田がいまでもよく覚えているのは、睦子がつくってくれる弁当の味だ。

「これがメチャメチャおいしかった。そりゃうちのオカンも一所懸命弁当つくってくれたし、それはそれでうまかったんだけど、先生の奥さんの弁当はまた違うんだよね。本当においしくってさあ」

睦子が丹精込めてつくる弁当のおかずは、素材からして違っていた。山田の好物だったのはつくねのハンバーグ、エビフライ、牛肉だ。大抵の食堂やレストランのエビフライはブラックタイガーと決まっているが、睦子はいつも車海老を食べさせてくれた。肉も格別においしくて、高級なものを使っていることが子供なりにわかったという。

「ただおいしくて高級だったばかりじゃないよ。奥さんは、栄養価やバランスもきっちり考えてつくってくれてた。それは、あとから教えてもらってわかったんだけどね。まあ、高校生のときはとにかく、バクバクがっつくように食べてたばっかりだったから」

山田を下宿させていたころ、阪口は風呂場で山田のユニフォームを洗っていた睦子の姿が忘れられない。

いったん就寝したあと、尿意を覚えて目を覚まし、トイレへ用を足しに行った途中で、阪口は風呂場から妙な物音がすることに気がついた。覗いてみると、睦子が風呂から上がったあと、残り湯で山田のユニフォームを手揉み洗いしている。激しい練習のために白いユニフォームの繊維に染み込んだ泥は、洗濯機に入れただけでは取れない。手揉みをしてからでなければ、かつて中学生のころの山田が憧れた真っ白には戻らないのだ。

自分が毎晩ユニフォームを手揉み洗いしていることを、睦子は阪口に一言も話してなかった。阪口も山田も、自分のふたりの子供も寝静まったころ、ひとりで黙々と洗い続けていた。阪口がじっと見ていると、睦子はユニフォームを揉んだり伸ばしたり、たたいたりこすったりして、懸命に泥を落とそうとしている。その後ろ姿を見ているうち、目に涙が滲んで、こう思わないではいられなかった。

やはり、人の子を預かってはいかん。女房に苦労をかけるばかりだ。

しかし、現実には山田だけで3年間、山田を含めて4人の選手を預かったから、合計で12年間、妻に人の子のユニフォームを手揉み洗いさせることになった。

「それだけ、勝ちたい一心だったんですよ。女房には頭が上がらんです」

睦子が洗濯する姿なら、山田も何度か目にしている。それだけではなく、ソックスを繕ってもらったことも忘れられないという。

「おれ、蹴り足（左足）の靴下がよく地面に擦れて、すぐに破れちゃうんだよ。それで、穴が空くたんびに、奥さんがその部分に厚い布地をあてて繕ってくれるの。そこまでしてもらうのが悪くてさ、もう、本当に感謝しかないよね。奥さんにも、先生にも」

だから、いくら阪口に殴られても、恨みに思ったことはなかった。

練習試合に先発して負けたら、なぜ負けたのかと殴られる。勝っても1点取られたら、なんで1点取られたのか殴られる。それならばと完封して勝っても、今度は内容が悪いと言われて殴られる。そして、阪口は決まってこう言うのだ。

「そういうことで甲子園で勝てるか！」

苦笑いしながら、それでも懐かしそうに、山田が言う。

「正直、やってらんねえよ、と思ってたよ。でも、おれらに注ぐ愛情も半端じゃなかったしね。だから、あんなに殴られても、3年間もったんだろうね」

ところで、阪口には、自分の子供と接する時間はあったのだろうか。この質問に、阪口は少々難しい顔をした。

「娘がね、うちにはお父さんがいません、という作文を書いたことがあるんですよ」

それは娘が小学2年か3年のころだった。阪口が家に帰ってくると、実はきょう、娘の小学校の担任の先生が来たと告げられる。何があったんだと聞き返すと、睦子は言った。

「お父さんは、ご主人はいつ亡くなられたんですかって、先生にそう聞かれました」

家族についての作文を生徒に書かせたら、阪口さんの娘さんが、「うちにはお父さんがいません」と書いている。亡くなったのか、母親と別れたのか、とりあえず確認しなければと考えた担任の先生が、家まで訪ねてきたというのだ。

当時は、朝は子供よりも早く山田のような下宿生と出かけ、夜は子供が寝たあとにまた下宿生と帰ってくるのが常だった。同じ家に住んでいるのに、ほとんど顔を合わせることがない。だから、娘は素直に「うちにはお父さんがいません」と作文に書き、担任の先生に渡した。

そう言われれば、休日に家族だけで遊んだという記憶もない。長久手の自宅から地下鉄に乗って行ける範囲内には、東山動植物園がある。東京の上野動物園、北海道の旭山動物園と並ぶ名古屋の名所で、休日はいつもカップルや家族連れで賑わっている。そんな近場にすら、阪口は自分の妻と子供たちを連れていってやったことがなかった。

では、奥さんと旅行に行かれたこともないのですか。そう聞くと、阪口は首を捻った。

「あったかなあ。覚えてないな。ちょっと、女房に確かめてみてもいいですか」

阪口は携帯電話を取り出すと、睦子を呼び出し、いままで旅行したことがあるか、と確かめた。ガラケーの受話器の向こうから、すぐに睦子のハキハキした声が聞こえてきた。

「1回、ハワイに行きましたよ。子供たちと一緒に。1回ね」

阪口の家に下宿していると言っても、山田が弥富市にある自分の家にまったく帰らなかったわけではない。大会の前や大会期間中は必ず阪口の家に寝泊まりしていたが、試合の合間や大会のあとは時々自宅に帰っていた。

ときには元気な顔を見せれば、自分の親が安心する。それに、何と言ってもまだ高校生だったから、自宅のほうが阪口の家より気楽で居心地がいいからだ。阪口の妻や子供も、時々は山田が阪口の家を空けたほうがホッとできたかもしれない。

もっと言えば、自宅から通っている間は、女の子とも自由に会える。ふだんはなかなか行けないところへも遊びに行ける。やはり、そういう誘惑は大きかった。

しかし、山田が戻ってこない日が、1日、また1日と延びると、阪口は見る見る機嫌が悪くなった。野球の練習をしていても、日を追うごとに言うことやることが厳しくなり、それが山田以外の選手にまで及ぶのだ。そんなときの阪口は、よくこう口走っていた。

「女にとち狂ったやつがいる！　女ばっかり追っかけやがって！」

山田がファンの女の子とのつきあいにかまけているのではないかと、それが気になってならないらしい。阪口がこういう状態になると、山田と仲のいい高木幸雄やチームメートがこう耳打ちしにやってくる。

「そろそろ、先生の家に戻ってくれよ。これ以上、機嫌が悪くなられたらかなわん」

高木にそこまで言われたら、山田も阪口の家に戻らざるを得ない。

そして、阪口との暮らしが気詰まりになると、山田のほうが高木を呼び寄せるのだ。

「おい、高木、先生がおまえに話があるって言ってるぞ。きょうはうちに泊まれってよ」

山田一流の方便を、たぶん阪口も睦子も見抜いていたのではないだろうか。おや、高木じゃないか、突然どうしたんだよ、と驚いて見せながら、晩ご飯をご馳走し、山田と同じ部屋に泊めてくれた。

それで、阪口先生の家に戻ったら、やはり女の子と会うこともできなかったのか。そう聞くと、山田はまた、にやりと笑った。

「そこはうまくやってましたよ」

チャンスは、マッサージを受ける日と決められている月曜だった。阪口から治療代３０００円をもらって出かけるのだが、治療院のマッサージ師に頼み込んで約束の時間を１、２時間ずらしてもらうのだ。山田の人徳なのか、阪口に告げ口されて怒られたことは一度もない。

阪口の下ではつらく苦しい練習をたくさん経験したが、楽しいこと、思い出に残ることも多かった。高木はこう言っている。

「いろんな意味で、ぼくらは阪口先生の子だったんだと思います。鬼の子ですよ」

その鬼もいったんグラウンドを離れると、ときに気弱な一面を見せた。

「おれはしょせん、準優勝までの監督なのかもしれんなあ」

山田や高木の前で、ついそんな弱音を漏らしたこともある。

1年生エースのバンビ坂本を擁して甲子園に臨んだ77年の夏は、決勝まで行って東洋大姫路にサヨナラ負けした。それから80年春、85年春夏、86年春と、4度も甲子園に行っていながら、いずれも初戦敗退している。それ以前も、ベスト8が精いっぱいだった。

そして、相手が前日に延長十六回を戦った宇和島東戦で、東邦が絶対有利と言われた88年春の決勝も、自分の采配ミスで敗れ去った。あの痛恨の一戦を振り返っては、また悲嘆に暮れるのだ。

「もうダメだ。あんなことをやっているようじゃあ、おれはもうダメだ」

そんな阪口に鍛えられた山田と高木ら「鬼の子」たちは、1988年秋の愛知県大会と東海大会を戦い、翌89年春の第61回選抜大会への出場権をつかむ。しかし、優勝できるかどうか、このときはまだ、誰も自信など持てなかった。

第8章
山田490球、宮田454球
鍼を打ち、鼻血を噴いたエースたち、決勝までの4連投

1989年3月18日、東邦高校監督・阪口慶三は、1年ぶりに甲子園に足を踏み入れた途端、ふたたび鬼に戻った。おかげで、高木幸雄は右手人差し指の爪をなくしている。

大会前に各校が甲子園で行う練習で、阪口はいつにも増して猛烈なノックを選手たちに浴びせた。高木はその打球を右手人差し指にぶつけて、爪が剝がれてしまったのだ。とはいえ、この程度の怪我で阪口に泣き言を言うわけにはいかない。高木はその後、決勝まで指先の痛みに悩まされることになる。

その髙木を、阪口は1回戦から2番・セカンドでスタメンに入れた。前年88年の選抜ではベンチ入りメンバーにも選んでいなかった髙木に、初めての甲子園でいきなりチャンスを与えた

のである。発奮した髙木は、人差し指の指先にしっかりテーピングを施し、練習を重ね、満を持して1回戦を待った。

3月26日、第61回選抜高校野球大会が開幕する。東邦の初戦は29日、朝8時1分からの第1試合、相手は大分の県立別府羽室台高校だった。部員がたった17人しかいないことで話題になった初出場校だ。

二回、ツーアウト満塁のチャンスで回ってきた第2打席、髙木は左中間へ走者一掃の二塁打を打った。前年夏の大会後、阪口に無理やり転向させられた左打ちで、早くも結果を出したのだ。髙木のタイムリーで3点を先制すると、仲のいい山田喜久夫もリードをもらってリズムに乗った。相手打線を散発3安打で完封、15三振を奪う快投で完勝である。

翌日の新聞には、大会初完封の山田を差し置いて、チーム6得点のうち半分の3得点を稼いだ髙木が大きく取り上げられた。甲子園の試合に出たこと自体が初めてだったのに、そこで打って、新聞にまで載った。見出しに「脇役が活躍」とあって、日ごろの血の滲む思いが報われたような気がした。

ところが、その翌日の練習中、髙木は阪口にものすごい剣幕で怒鳴りつけられた。

「おまえ、何だ、そのテーピングは！　ここまで来たら、そんなもんは要らん！　さっさと取っとけ！」

阪口の命令は絶対である。ノックの打球が顔にぶつかり、たとえ鼻血が出ても歯が折れても、決してバットを振る手を休めない監督だ。ふざけんじゃねえ、痛えんだよ、こっちは、と思いながら、高木は人差し指からテーピングを外した。

　高木が言う。

「先生は甲子園へ行ったら、いつも1回戦に勝ったところで、必ず一度、選手たちをものすごく怒るんです。つまり、勝って兜《かぶと》の緒を締めよ、ということでしょう。そういうやり方をされると、ぼくたちだってかえって意地になる。テーピングを外しても、絶対に音を上げたりしねえからな、と思いましたよ」

　それもまた阪口との戦いなのだ。爪が剝がれたあとをさらしたまま、高木は練習を再開した。指先もボールも、たちまち血まみれになった。


　その怪我をした指のせいか、高木が無安打に終わった2回戦、兵庫の報徳学園高校戦では、山田の攻守にわたる活躍が光った。投げては報徳打線を七回ワンアウトまでノーヒットノーランに抑える一方、その裏の攻撃で先頭打者として四球で出塁すると、すかさず二塁へ盗塁し、先制のきっかけをつくったのだ。

　これはもちろん、阪口の作戦だった。山田が振り返る。

「先生はあのとき、おれが塁に出たら初球で走らせようって、最初から考えてたんだよ。で、そういう作戦を、次のバッターにもあらかじめ耳打ちしてたんです」

山田が打席で粘り、報徳のエース・甲元訓も攻めあぐんでいたとき、阪口は次打者の村田将之を呼び寄せ、こう言った。

「喜久夫がフォアボールで歩いたら、初球でスチールだ。送りバントはないぞ」

そして、山田が四球を選ぶや、本当に初球でいきなり盗塁させたのである。

試合の終盤だけに、東邦は確実にバントで送ってくると報徳のバッテリーは読んでいただろう。そういう場面で、あえて投手の走者をノーアウトから走らせる。この大胆で意表を突く戦略こそ、阪口が二十代だったころ、中京高校から盗み、学び取った機動力野球の真髄だった。

山田も、突然の阪口のサインに驚いたりはしなかった。こういうときのために、東邦に入って以来、最も身近なところで阪口の野球を学んできたのだ。

やはりそうきたかと迷うことなくスタートを切り、二塁ベースに滑り込むと、セーフだと言わんばかりに両手を広げ、ガッツポーズを取って見せた。

これで報徳の甲元も動揺したか、続く村田も四球を選び、中川恵造がセンター前へ弾き返して満塁とチャンスを広げる。ワンアウトとなってから、9番・安井総一がセンターへ犠牲フライを打ち上げ、山田が悠々三塁からホームへ生還、先制の1点を挙げた。

この直後、キャプテンの山中竜美がレフトへタイムリーヒットを打ち、残る走者2人も生還、この回一挙3点を奪った。あとは九回まで、山田が0点に抑えて完封勝ちである。打たれたヒットは僅か2本で、阪口はいまもこの報徳戦が山田の高校時代のベストピッチだったと語っている。

山田自身は試合後、胸を張って投球より盗塁のほうを自画自賛した。

「あそこはいけると思いました。ノーマークの選手に走られると、相手の受けるショックも大きいでしょうからね」

東邦が奮戦している一方で、上宮高校は快進撃を続けていた。1回戦で千葉の柏市立柏高校、通称「市立柏」に8－3と圧勝して、早々と勢いに乗った。

この市立柏戦、打っては4番の元木大介が七回にレフトへソロ、八回にはバックスクリーンに2ランと、大会史上5人目の1試合2打席連続本塁打をマークする。さらに、投げてはエースの宮田正直が七回までノーヒットノーランに抑える好投と、投打の主軸がそろって結果を出した。最高の滑り出しである。

とくに宮田が復調したのが大きかった、と種田仁は振り返る。

「秋の近畿大会はボロボロで、本人も自信をなくしてたんです。だから、選抜は大丈夫かなと思ってたんだけど、1回戦のピッチングを見て、これならいいところまで行けるぞ、と思いましたね。精神的にも成長したみたいで、頼もしい感じがした」

2回戦は福井の北陸高校戦で、これも3－0で完勝である。宮田は5安打完封と1回戦以上の堂々たる投球を見せ、点差以上に力の違いを感じさせた。

試合後、ベンチ裏のコンコースで行われるヒーローインタビューで、宮田はスパイクを脱いでお立ち台に上がろうとした。初めてなので勝手がわからず、係員に「履いたままでいいからね」と言われている。うなずいてお立ち台に上がると、つい本音がもれた。

「こんな高いとこに上がったら、話しにくいですね」

はにかみ屋の宮田らしいセリフだった。秋の近畿大会に比べて調子が上がってきた理由を聞かれ、こう答えている。

「真っ直ぐとカーブ、スライダーとシュートがうまく決まりました。甲子園用にちゃんと使えるよう、ずっと練習してきましたから。全体的に、低めにコントロールできていたのがよかったと思います」

もっと変化球を使えるようになれ。カーブを覚えろ。前年の夏、大阪大会4回戦の浪速高校戦でリリーフに失敗した宮田は、山上に口やかましく指導されてきた。そのころから練習を重ねてきた変化球が、ここにきてようやく本番でも通じるようになったのだ。

そんな宮田を見ながら、種田は周囲の新聞記者にこう話していた。

「いまの宮田なら、もう大丈夫です。あいつは簡単には打たれませんよ」

ベスト8の準々決勝は決勝の前々日、4月3日に4試合が行われた。

東邦の試合は午前11時1分からの第2試合で、相手は2年の犬伏稔昌が4番を打つ近畿大学附属高校である。この一戦で、人差し指の指先を血まみれにした高木がふたたびヒーローになった。それも、１回戦以上の劇的な活躍を見せて。

五回に２点を先制しながら同点に追いつかれて迎えた延長十回裏、ツーアウト満塁で、高木に打順が回ってきた。クリーンアップでも緊張する場面だが、高木はこのとき、うれしくてたまらなかったという。

「１回戦の先制タイムリーでデカデカと新聞に載ったでしょう。ここで打ったらまた新聞だ、と思って打席に入ったんです。あのときは、それぐらい余裕があった」

爪が剝がれ、テーピングもできない右手の人差し指は当然、まだ治っていない。だが、このときだけは痛みなど気にならなかった。近大附属のエース・里田太一が投じた外角のボールにバットを合わせ、流すようにレフト前へ運ぶと、外野で軽やかに白球が弾む。値千金のサヨナラヒットだった。

山田が振り返る。

「近大附属戦は厳しい試合でした。あっちの里田もいいボールを投げていたし、どうなるかわからない展開だった。決勝へ行くまでの試合では、あの準々決勝が一番苦しかったんじゃないかな」

もしこの試合で近大附属が勝っていたら、決勝で上宮と対戦することになった可能性もある。そうなれば、ボーイズリーグ時代からのライバル、上宮の宮田と近大附属の犬伏の対決が再現されていただろう。

ここで犬伏が打っていたら、という場面もあった。髙木のサヨナラヒットが飛び出す前の延長十回表、ツーアウト一・二塁で犬伏に打席が回ってきたのだ。

しかし、結果は三振。試合後、目を真っ赤にした犬伏は、こうコメントしている。

「何とか二塁ランナーの小西（哲也）さんを返そうと思ったんですが、すみません。東邦の山田さんは、そんなにいいピッチャーじゃなかったです。もっともっと練習して、今度対戦したときは絶対打ちたいと思います」

犬伏は2年でひとりだけベンチ入りし、1回戦から4番でスタメンに名を連ねていた。この89年秋、ドラフト外でダイエー入りした3年でキャプテンの脇坂浩二が3番に回っていたほどだから、犬伏の打力がどれだけずば抜けていたかがわかる。

実際、島根の松江東高校と対戦した2回戦では、犬伏が特大のソロ本塁打をレフトスタンドへたたき込んで試合を決め、プロのスカウトたちの注目を浴びている。この甲子園ですれ違った宮田とは、夏の大阪大会でもう一度相まみえる運命にあった。

同じ4月3日の準々決勝、上宮の試合は第3試合で、午後2時2分に始まった。相手は優勝候補の一角、宮城の仙台育英高校だ。

仙台育英のエースは東邦の山田と並ぶ高校球界屈指の左腕、元木の好敵手のひとりとも言われた大越基《もとい》である。試合前、元木を三振に取ると宣言し、テレビやスポーツ紙もここぞとばかりに対決ムードをあおっていた。

元木が振り返る。

「大越というと、速くて豪腕、そういうイメージだったね。きったないフォームで、そこからズドンと重いストレートがくる。それによく変化するスライダーがあったでしょう。キレはないんだけど、山田よりも打ちにくいピッチャーだったな、おれにとっては」

この試合、上宮の宮田は初回にいきなり2点を先制された。投げ合う相手が大越だったから、立ち上がりで力んだのかもしれない。

そんな宮田とチームを救ったのは、やはり4番の元木だった。1－2と1点差まで追い上げていた六回、ツーアウト、ランナー三塁で、大越の投じた直球をたたくと、右方向へ飛んだ打球はライトポールぎりぎりのところでラッキーゾーンに飛び込んでゆく。空気を切り裂くような軌道の残像に酔った3万1０００人の観衆は、惜しみない拍手を送った。

「打ったのは高め、やや外寄りのストレートだった。うまくたたけたから結果的にホームランになったけど、大越にすれば失投だったんじゃないかな。スライダーを投げられたら打てなかったかもしれない。たぶん、ホームランになってはいないと思うよ」

ダイヤモンドを回り、ホームベースを踏む手前で、元木はマウンドを振り返った。そこにしゃがみ込んだ大越がどんな顔をしているか、確かめたかったのだ。大越も元木のほうを見ていて、ふたりの目が合った。

大越は苦笑いしていた。その表情を見て、失投だったんだな、と元木は思った。

「決勝は近大附属さんとやりたかったんですけどね、明日も精いっぱいやります！」

試合後にそう語った元木は、この大会3本目の本塁打を含む2安打2打点をマークしている。いまや上宮や大阪にとどまらず、完全に甲子園の主役となった。

こうなると、種田も負けてはいない。1、2回戦と2試合続けてノーヒットだったが、準々決勝で3安打の固め打ちを見せ、盗塁も1個マークしている。試合前、改めて自分のフォームをチェックし、ひとりで打ち込みに取り組んだ成果だった。


準決勝の2試合は決勝の前日、4月4日に行われた。第1試合は東邦と京都西高校（2001年から京都外大西高校）で、午前11時にプレーボールがかかる。

山田もさすがに連投の疲れが溜まっていたのか、この試合、初めて先制を許している。四回に先頭打者を四球で歩かせ、これをきっかけに1点を奪われ、続く五回にも単打4本を連ねられてまた1失点、計2失点だ。

嫌な雰囲気になりかけた六回、山田自身のセンター前ヒットもあって、ワンアウト満塁と一打同点のチャンスをつくった。ここで、「自分と同じ脇役のひとりだった」と髙木が言う7番・中川が打席に入る。

この伏兵が、レフトへライナー性の強烈な当たりを放った。勢いのある打球が左翼手のグラブを弾いて外野を転々とする間、走者３人が生還し、３－２として一気に試合を引っ繰り返す。まさかの３点タイムリーだ。

続く七回には山田にもタイムリーヒットが出て１点を追加し、終わってみれば４－２で逆転勝ち。山田はこの準決勝も３安打１打点と投打にわたる活躍を見せ、ついに東邦を決勝まで導いた。前年の屈辱を晴らすまで、あとひとつである。

東邦と京都西の第１試合は午後１時24分に終わった。上宮高校と横浜商業高校との第２試合はその30分後に始まる。明日の決勝戦に出てくるのはどちらか、東邦は宝塚市湯本町の宿舎、松涼庵という旅館で、試合の結果を待つことになった。

松涼庵に帰ってくると、山田は旅館の前を流れる武庫川の土手へ出かけ、45球ほど投球練習を行った。肘が下がり、フォームに微妙なズレが生じていたので、修正しておきたかったのだ。疲れてはいたが、あとは明日の１試合を残すのみ。やるべきことは、きょうのうちにすべてやっておきたかった。

午後１時54分に始まった第２試合、神奈川の横浜商業高校、通称「Ｙ校」との一戦は、上宮の完勝だった。投げては宮田が７安打で完封、打ってはチーム全員で10安打９得点、終わってみれば９－０と、終始横浜商を圧倒した。この大会一番の試合内容だったと言ってもいい。

元木は前日に続いてこの試合でも勝負強さを発揮して2安打2打点。種田も負けじと1号本塁打を打って、2試合連続となる3安打に1打点をマークしている。ここまでの4試合で15打数6安打と安打数を増やして、15打数7安打の元木をヒット1本差にまで追い上げていた。

試合終了時刻は午後4時47分。このとき、決勝の組み合わせは東邦対上宮と確定した。

松涼庵に詰めかけていた新聞記者が、さっそく山田を囲んだ。元木や種田を抑える自信はあるのか、どうやって抑えるつもりなのかと質問が飛ぶ。

「ぼくが絶好調なら、元木くんを抑える自信はあります。もし打たれたら、よっぽど調子が悪いということですね。ぼくとしては元木くんより種田くんのほうが怖いですよ。あの鋭いスイングを見てると」

そう言って気を吐く山田をよそに、監督の阪口は頭を抱えていた。おれはつくづく運のない男だ、と思っていた。

これで1回戦の別府羽室台を除き、2回戦から決勝まで4試合連続で近畿勢と対戦することになった。最大の優勝候補だった東京の帝京高校と当たらなかったことだけは幸いだったと言っていいだろうが、近畿勢はどこもかしこも非常にしぶとい。彼らとの戦いには身も心も磨《す》り減る思いだった。

「ああ、女神がおらんなあ、と思いました。今年こそ絶対に優勝をと、意気込んで名古屋を出て来たのに、どうしてこんなにも悪い組み合わせが続くのか」

記者の取材にも、弱気なコメントばかりが口を衝いた。

「正直言って、一番当たりたくない相手ですね。とにかく、それぞれのバッターの振りがすごい。鋭い。去年は最後で選手が萎縮したところがあるんで、今年は伸び伸びやらせてやりたいと思ってます」

それはまた、阪口自身が自らに言い聞かせていたセリフでもあった。

前年の選抜の決勝では、先制のチャンスで選手がスクイズバントを失敗した途端、おれは鬼かお不動様のような顔をしていた。あれで選手が硬くなり、本来の力を発揮できなくなってしまったのだ。

今度は笑わなければいけない。手のひらに「笑」と書いて、試合中にそれを見ることを忘れないようにしなければいけない。

恐らく、選手たちも内心は戦々恐々としているだろう。今夜、ここでもう一度、あの子たちのやる気と闘志を奮い起こしておく必要がある。

この夜のミーティング、阪口は選手たちの顔をひとりひとり見つめて、おもむろに口を開いた。

「みんな、よく聞け。上宮は強い。われわれよりも強い。恐らく、上宮と10回やったら、９回は負けるだろう」

山田も髙木も、キャプテンの山中竜美も正捕手の原浩高も、選手全員が息を呑み、頰を強張らせて聞き入っている。しかし、と阪口は言葉を続けた。

「しかし、10回やれば1回は勝てる！　明日の試合をその1回にしろ！　1回でいい！　1回だけ、上宮に勝てるチームになれ！」

阪口の大声が響き渡るとともに、選手たちの間からも一斉に声が上がった。

「うおおおっ！」

「やるぞっ！」

「絶対勝つ！」

誰も彼も、身震いしながら声を張り上げている。興奮のあまり、目を真っ赤にしている者もいた。まるで、チーム全体が殺気立っているかのようだった。


そのころ、元木と種田は太子町の合宿所に帰り、それぞれ別々にグラウンドに出ると、黙々とバットを振っていた。そんなふたりのライバル意識がそのまま、上宮の強さ、この大会での快進撃につながっている。

監督の山上烈は、こうコメントしていた。

「ここにきて種田に当たりが出てきて、元木を中心とした打線に本来の力が戻りました。宮田もよくなっています。東邦の山田はいいピッチャーだから、そう簡単には打てないでしょう。しかし、総力でかかれば攻略できると思う。明日は最高の試合を見せたい」

こちらの準備は万全だ。東邦のやつらに付け入る隙は与えない。このときは、上宮の誰もがそう思っていた。

しかし、エースの宮田はいま、この準決勝までの試合や展開について、ほとんどの記憶を失っている。

「準々決勝は仙台育英ですよね。相手が大越さんだったので、大越さんのことはわかるんですけど」

大越は仙台育英を卒業したのち、いったん早稲田大学に進むも１年で野球部を退部し、２年で大学も中退した。その後、アメリカに渡ってカリフォルニア・リーグのサリナス・スパーズというマイナーチームで投げ、92年秋にドラフト１位でダイエー（のちのソフトバンク）に入団する。ここで、90年秋にドラフト外でダイエー入りしていた宮田とチームメートになったのだ。

「大越さんのことは、プロで一緒だったんで覚えてますが、大越さん以外の選手はわかりません。自分が対戦したバッターにどういう選手がおったのかとか、スコアが何対何で、どういうふうに勝ったのか、とか、そんなんも、全部」

準決勝の横浜商戦に関しては、試合自体の記憶がない。あれほど完璧に近い投球をしたのにもかかわらず。

「ここで当たったチームのことが、いまでもはっきりわからないんです」

宮田のフォームがかつて251勝を挙げた昭和の大投手、元西武の東尾修そっくりだという評判が定着したのは、この89年の選抜のことだ。2回戦の北陸戦から、スポーツ紙にそういうコメントが散見されるようになる。捕手の塩路厚は、日刊スポーツにこうコメントしている。

「（宮田が）もっとシュートをほうれば東尾さんのイメージにピッタリ」

〈日刊スポーツグラフ　輝け甲子園の星1989年4＋5月号〉には、宮田本人も東尾に似ていると指摘され、こう答えたと書いてある。

「自分でもなりきっているんです。東尾さんみたいにコントロールがあると思い込みたいんで。きょうはなりきれました」

記者が話題づくりのため、何度もこういう方向に誘導しようとするので、宮田もあえて協力したのかもしれない。それ以前に、2年上のキャプテンだった光山英明、1年先輩の元木、さらに近畿大学附属高校の4番としてこの大会に出場していた犬伏稔昌も、東尾にそっくりだと証言していた背景もある。

しかし、そういうコメントをしていたことも、いまの宮田は覚えていない。当時の雑誌や新聞の記事を自分で読むと、不思議な感じさえするという。

「ぼくが東尾さんに憧れてたとか、フォームを真似したとか、そういうことはないと思います。親父はジャイアンツファンやったし、自分でよう見に行ってたのも藤井寺の近鉄戦やったし、東尾さんのピッチングを見る機会はほとんどなかったはずですから」

１９８９年４月５日、大阪管区の神戸地方気象台の発表によると、兵庫県神戸市の天候は晴れ。最高気温は19・5℃に上っている。神戸市の隣、西宮市の甲子園にも朝から気持ちよい陽射しが降り注いでいた。

ＪＲ大阪駅のコンコースでは富山県の砺波《となみ》平野のチューリップ約７０００本が、艶やかな色と香りで通行人たちを楽しませていた。翌90年４月に開催を控えた〈国際花と緑の博覧会〉、いわゆる〈花博〉の前景気を盛り上げる演出の一環だった。第61回選抜大会の決勝、東邦と上宮の試合が行われるこの日、関西は文字通り春爛漫《らんまん》を実感させる一日となった。

大阪市長の西尾正也は朝から落ち着かなかった。朝、市役所で新人職員３２０人に訓辞を行い、離任するオーストラリアの駐日大使と懇談したあと、時計が正午を回る前、いそいそと公用車で甲子園へ向かった。この大会を観戦するのは、前日４日の準決勝、上宮と横浜商の試合に続いて２日連続だった。

この日の決勝戦で上宮が勝てば、55年の第27回選抜大会で優勝した浪華商業高校（59年から浪商高校に改称）以来、大阪市内のチームとしては34年ぶりの全国制覇となる。上宮に取っては初の栄冠だ。大阪市長としても、西尾個人としても、応援に来ないではいられなかった。62歳の西尾は、上宮の卒業生だったのだ。

上宮の応援団が陣取る三塁側アルプススタンドには、ひときわ目立つ「上宮」という人文字があった。当時、人文字と言えば、ＰＬ学園高校の応援の名物として知られていたが、２文字の漢字のそれは、「ＰＬ」とはまた一味違った逞しさ、雄々しさを感じさせた。

その中に、上宮の関係者や野球部員の家族のみならず、大阪のプロ野球ファンなら誰もが知っている有名な人物がいた。藤井寺球場でよくかぶりものを身につけてバファローズを応援している熱烈な近鉄ファン、内藤秀之の父・秀男である。秀男は甲子園のみならず公式戦のほとんどに息子の応援に駆けつけ、大阪のテレビやスポーツ紙にも時々取り上げられていた。

もっとも、内藤自身はそんな父親を必ずしもうれしく思っていたわけではない。むしろほうっておいてほしかった。原因は、秀男が藤井寺のスタンドに行っては身にまとうあの着ぐるみである。

一緒に試合を見に連れて行かれていた小学生のころまではまだ何とも思わなかったが、さすがに中学に進んでからは、父親が世間で「牛のおっちゃん」などと呼ばれていることに抵抗を覚えるようになった。とりわけ牛の着ぐるみをかぶって応援している姿がテレビに映し出されると、恥ずかしくてたまらず、いたたまれない気がしたものだ。

そんな内藤の気持ちを知ってか知らずか、テレビやスポーツ紙からはよく父親がらみの取材依頼が舞い込んだ。そのたびに、監督の山上烈は苦笑いしながら内藤に聞いてきた。

「あのな、またお父さんのことで取材させてくれいう話がきてるけど、どうする?」

「いや、結構です。断ってください」

そんな息子に、父親は言っていた。

「おまえの応援に行くときは、ふつうの人間のカッコして、ふつうの応援するから。それなら恥ずかしくないやろう」


その内藤は、決勝の朝、緊張してはいなかったのだろうか。そう聞くと、彼はあっけらかんとこう答えた。

「ないっす、ないっす、ないっす。まったくないっす、ぼくだけじゃなく、みんなもそうだったと思いますよ」

上宮はこの大会期間中、ほかの高校のように旅館やホテルに泊まらず、南河内郡太子町の合宿所から甲子園に通っていた。だから、いつもの合宿の延長のような雰囲気で試合に臨むことができていた、と元木が振り返る。

「朝は毎日、6時、7時ぐらいに起きてたんじゃないかな。それで、ちょっと練習が足りないと感じたときは、自分でティー（打撃）やって、着替えて、みんなで朝ご飯食べて、それから試合に行ってたんだよ」

決勝の日も、とくに緊張は感じなかったという。

「前の年（88年）、初めて甲子園に出たときは、結構緊張したけどね。甲子園を一度経験しちゃうと、そういうこともなくなる。それが甲子園というところだから」

2年の塩路も、負けるかもしれないなどとはこれっぽっちも考えていなかった。選抜を前に控えから正捕手となり、背番号も12から2に昇格しただけに、勢いに乗っていた。

「高校で一冬越して、痛めていた肘や体調がよくなって、念願の背番号2を取れたところでしたからね。おれ、運がいいな、これならいけるんじゃないかという気がしてました。まあ、ぼくは2年なんで、3年のみなさんに甲子園まで連れてきていただいたようなものではありましたけど」

意気上がる上宮の選手たちの気分は、内藤のこのセリフに集約される。

「ドキドキなんてしなかった。逆にワクワクですよ。みんな目立ちたがり屋なんで、どうやったら注目されるかとか、そんなことばっかり考えてたんと違いますか。ぼくみたいな2番・セカンドの地味な選手でも、お立ち台に上がったら何を言うたろうかなって、そういうことをあれこれイメージしながら試合に臨んでたぐらいです」

おれたちは勝てる。恐れるものなどない。誰もがそう思っていた中、種田は秘かに気を引き締めていたという。

「ぼくも勝てるとは思ってましたよ。でも、ゲームはやってみないとわからないんでね、どうなるかな、という感じもありました」

決勝の相手、東邦には、種田が中学時代に痛い目を見せられた選手がいた。中学3年の関西大会、準々決勝で逆転負けを喫した名古屋東シニアのエース原浩高である。彼は1年のとき、監督の阪口慶三によって捕手にコンバートされていた。

甲子園の高校野球大会では、一日に数試合を消化しなければならないため、準決勝までは別の場所で練習をしてから球場入りする。両校とも試合前に甲子園で打撃練習ができるのは、決勝の日だけだ。このときは、東邦、上宮の順でフリー打撃が行われた。

東邦の練習が終わり、上宮の番になると、阪口は選手たちを一塁側ベンチに集めた。

「上宮のバッティングをよく見ておけ。相手の状態を自分の目で確かめておくんだ」

しかし、山田や高木が見ている限り、調子の悪い選手などひとりもいそうになかった。元木や種田をはじめ、出て来る選手が次から次にスタンドやラッキーゾーンへ打球を放り込んでいる。

まるでホームラン競争のようだ、と高木は思った。これ以上じっくり観察しても、何の参考にもなりそうもない。

とうとう、阪口もこう言い出した。

「もう見るな、見るな。中へ入れ、中へ」

山田は試合前、ユンケルやリポビタンDを立て続けにあおった。

ここまでの4試合、すべて完投で、投球数は、129、2回戦96、準々決勝138、準決勝127、計490球に上る。登板間隔は、1回戦から中2日で2回戦、2回戦から中1日で準々決勝、その準々決勝から準決勝、決勝と3日連続の3連投だった。

いくら気を張っていても、肩、肘にはすでにかなりの疲労が溜まっている。毎日、控え投手の西伸浩が入念にマッサージしてくれていたが、とてもそれだけでは追いつかない。たとえ気休めに過ぎなくても、栄養ドリンクを何本か飲んでおけば気分が違うだろう。

髙木の記憶によれば、これは阪口が山田に勧めたものらしい。甲子園での大会期間中、ユンケルを2本も3本も飲ませていた場面を目撃したこともあるという。

ただし、当の阪口は覚えていない。

「私は初めて聞くけどなあ、そんな話。山田はそんなこと言ってましたか、そうですか、ははは」

阪口はそう笑っていたと髙木に伝えると、こちらも苦笑いしていた。

「先生は役者ですからね。でも、本当に忘れちゃったのかな」

しかし、山田にとっては笑いごとではなかった。試合前の昼食の最中、鼻血がボトボトと流れ出し、食べていたおにぎりが真っ赤になってしまったのだ。慌てて球場内の医務室に駆け込み、鼻の奥に綿を詰めてもらった。

山田もまた、苦笑しながら振り返る。

「ユンケルを飲み過ぎたというよりも、おれが興奮しちゃってたんだろうね。さあ、これから大一番というときだったしさ」

一方、上宮の宮田も、ここまでの４試合をすべてひとりで投げ抜いてきた。球数は１回戦１０９、２回戦１３５、準々決勝１２３、準決勝87で合計４５４球である。登板間隔は１回戦から中３日で２回戦、２回戦から準々決勝、準決勝、決勝までは１日の休みもなく４日連続の４連投だった。

１９９９年に外傷性くも膜下出血によって記憶障害を患ってから10年、宮田は長い間、この決勝戦の記憶を失っていた。先輩の光山英明の居酒屋を訪ねた２０１１年、YouTubeで当時の動画を見せられても、何も思い出せなかった。

しかし、それからさらに5年、６年とたつうち、決勝のころの記憶は、おぼろげながら蘇ってきた部分もある。宮田が言う。

「このころのことは、何となく、思い出したところもあります。親とか家族に昔のビデオを見るように言われて、繰り返し見てるうちに、ああ、そういえば、あのときはえらい、しんどかったなあっていう感じで」

頭が忘れてしまっても、身体が覚えていることもあるのかもしれない。とりわけひとりで１回戦から決勝まで5試合すべて、６００球以上も投げた経験は頭だけでなく、全身の隅々に忘れがたい痛みや疲れを残しているはずだから。

「決勝まではずっと、肩、肘に、鍼《はり》を打ってました。つらい練習とか苦しいトレーニングとか、それまでにいろんなことを積み重ねていって、やっとあそこまで行ったんです」

そんな宮田を、元木はショートの守備位置からじっと見守っていた。

「宮田がずっと鍼を打ってたのは知ってる。あそこまで行ったら、おれも含めて何らかの治療は受けてるもんだし。みんながそういういっぱいいっぱいの状態で頑張ってた」

疲労困憊の宮田に、声をかけたりはしなかったのか。そう聞くと、元木は首を振った。

「しないしない。宮田は2年生だもん。おれが呼んで声なんかかけたりしたら、あいつはかえって気をつかうでしょう」

あの決勝の延長十回裏、マウンドに立った自分に何が起こっていたか。あるとき、宮田はまざまざと思い出したという。

「ぼく、あのとき、泣いてたんです。もう、涙が止まらなかったんです」

そして、決勝戦は午後12時29分、定刻より1分早く始まった。先攻は上宮、後攻は東邦である。

第9章

跳ねた白球、光ったホームベース

東邦対上宮、延長十回裏の見えざる攻防

「くっそお！」

上宮高校が先制点を挙げた五回、東邦高校の高木幸雄は内心で吐き捨てた。いや、実際に大声で叫んでいたかもしれない。

0－0で迎えたこの回、上宮の先頭打者・6番の鈴木英晃が二遊間へゴロを転がした。二塁手の高木が横っ跳びでグラブに収め、二回転して立ち上がると、素早く一塁手の村田将之に送球する。これが横に逸れてセーフとなった。記録はセカンドへの内野安打だ。

上宮は次打者の投手・宮田正直がセオリー通り、一塁線への送りバントで鈴木を二塁に進める。続く塩路厚が三遊間を抜くヒットを打って、ワンアウト、一・三塁とチャンスを広げた。

次の打者は、ここまで僅か1安打の9番・岩崎勝己である。

1ボールからの2球目、上宮の監督・山上烈はスクイズのサインを出した。岩崎が首尾よく一塁線へバントを決めると、三塁走者の鈴木がホームインして、上宮に先制の1点が入る。豪打を誇る上宮打線で、最も打てない9番打者が、最後の決勝まできて貴重な先制点をたたきだしたのだ。

高木が振り返る。

「ぼくが打球を捕ったバッター、鈴木が本塁へ返って1点でしょう。だから、くっそお！なんですよ。その裏、ぼくに回ってきたら絶対に打ってやろうと思った」

まるでそんな執念と負けん気が呼び込んだかのように、五回裏、チャンスで高木に打席が回ってきた。ツーアウト、ランナー二塁、カウント2－2から宮田が低めに投げ込んだ真っ直ぐを、きっちりすくい上げてセンター前へ運ぶ。二塁走者の村上恒仁が本塁へ滑り込み、早くも1－1の同点だ。

一塁ベースを駆け抜けた高木は、両の拳を空に向かって突き上げた。

「おっしゃあ！」

思わず口に出た雄叫びは、ブラスバンドの演奏と観客の歓声に掻《か》き消された。

1－1の同点のまま迎えた八回表、上宮が勝ち越しのチャンスをつかむ。

先頭の1番・種田が、三遊間を抜くヒットで塁に出た。終盤で突破口を切り拓く貴重な一打を打ったにもかかわらず、種田は一塁で拳を握り締めたりしなかった。表情もまるで変わらない。

2番・内藤秀之が打席に入る。山田は一塁への牽制を繰り返して様子をうかがった。内藤は1ストライク1ボールから送りバントを試みたが、これはファウルになる。監督の山上烈はサインを変えず、内藤もしっかりとスリーバントを決め、種田が二塁へ進んだ。

3番・小野寺在二郎は、山田が時間と球数をかけ、フルカウントからファーストフライに打ち取った。ツーアウト、ランナー二塁となり、4番・元木に打順が回る。上宮の応援団が陣取って、「上宮」という人文字がつくられた三塁側アルプススタンドの声援がひときわ大きくなった。

山田は前日、新聞記者の取材に応え、こう言っている。

「ぼくが絶好調なら、元木くんを抑える自信はあります。もし打たれたら、よっぽど調子が悪いということですね。ぼくとしては元木くんより種田くんのほうが怖いですよ。あの鋭いスイングを見てると」

ツーアウト、ランナー二塁で、阪口はマウンドへ伝令の河井啓男を走らせた。背番号5をつけた三塁手の3年だが、阪口はこの大会で2年の村上恒仁にサードを守らせ、河井には専任の伝令役を命じていた。

「敬遠だ。先生がそう言ってる」

河井の言葉に、山田はうなずいた。捕手の原浩高がホームベースの向こうにしゃがみ、山田が1球投げるたびに立ち上がっては敬遠のボールを受ける。たちまち三塁側スタンドから激しいブーイングが巻き起こった。

元木と勝負したい、勝負すれば打ち取れるとは思わなかったのか。この質問に、山田は首を振った。

「いや、先生が歩かせろと言ったら、歩かしですよ。ぼくのプライドがどうこう以前に、チームでやってるスポーツなんだから。敬遠は嫌だとか、勝負したいって言ったらカッコイイようだけど、しょせんはきれい事さ」

敬遠している間、球場の雰囲気が変わったのは感じていた。「勝負しろよ」「それでもエースか」という野次も聞こえた。が、山田は何とも思わなかった。

「大体、ああいう場面になると、阪口先生は考えられないサインを出してくるんだ。前年の88年、2年で初めて選抜に出たときもさ、いきなり初戦で、ランナー一・三塁で、しかもフルカウントになってだよ、いきなり外せって言われたんだもん。びっくりしたよ」

2年の山田にとっては生まれて初めての甲子園で、相手は大阪の北陽高校（のちの関西大学北陽高校）だった。

0-0の三回表、ワンアウト一・三塁と、やはり初めてのピンチを迎えて、北陽の3番打者が打席に入った。慎重に攻めているうちに3ボール2ストライクになって、次は何を投げようかと思ったら、阪口から「外せ」のサインが出たのである。

マジか？　山田が思わずプレートを外し、ベンチの阪口を見たら、口がこう言っているのがわかった。

「いいから、言われた通りに投げろ！」

山田は左ピッチャーだから、三塁走者に背を向けてセットポジションに入る。フルカウントなので、山田が右足を上げたら三塁走者は即座にスタートを切るだろう。そんな状況でボール球を投げる野球など、山田は中学で経験したことがなかった。

どうにか外角低めに外した次の瞬間、スクイズバントを狙った3番打者が泡を食い、空振り三振となった。同時に、飛び出していた三塁走者も投球を受けた捕手・原浩高と三塁手・西村崇が挟殺、あっという間に三振ゲッツーでチェンジ、である。

そうか。阪口先生はスクイズを読んでいたのか。山田は驚嘆した。外せというサインが出たとき以上に、阪口野球の奥の深さに感動すらしていた。

「そのとき、阪口先生ってすごい野球をやるんだな、と思いました。だから、翌年の89年の決勝で元木を歩かせろと言われたときも、文句なしで歩かしだったんです」

元木を敬遠し、ツーアウト一・二塁。ここで迎えた打者は5番・岡田浩一。準決勝までの4試合で16打数6安打4打点と、勝負強さでは元木や種田にも引けを取らない。

この岡田の攻略も小野寺の打席と同じように、山田は時間と球数をかけた。何度も原に向かって自らサインを出し、フルカウントに持ち込む。ここから外角高め、釣り球の真っ直ぐで空振り三振に仕留めた。山田が得意としている大きなカーブにヤマを張られていると読み、裏をかいたのだ。岡田のバットが空を切った瞬間、山田も原も、思い切りガッツポーズを決めた。

この1イニングの攻防だけで18分以上かかっていた。こうして、1－1の同点のまま、決勝戦は延長に入った。

延長十回表、試合が動いた。動かしたのはやはり、上宮のほうだった。

ワンアウトから内藤が山田の初球、高めの大きなカーブをライト前へ運ぶ。続く小野寺がセンターフライに打ち取られたあと、元木が打席に入る。指1本ぶん、グリップを短く持っていた。

また、一塁側の東邦ベンチから伝令の河井がマウンドへ走った。今度は勝負だ。山田は2球ボールを続けたあと、2球続けてストライクを入れる。

阪口がこらえきれなくなったかのように一塁側ベンチで立ち上がると、大声で檄を飛ばした。自分で手のひらに書いた「笑」という文字はもう消えていたのか。セカンドを守っていた高木はのちにこう振り返っている。

「先生、全然、笑ってませんでしたよ」

カウント2－2から、山田が内角へ直球を投げ込む。元木が素早く反応し、レフト前にヒットを飛ばした。ツーアウト一・二塁で、打者は八回のピンチに打ち取った岡田だ。カウント2－2となって、山田がまた内角へ直球を投げ込んだ。岡田が読み切っていたかのようにバットが一閃《いっせん》すると、鋭い打球が三塁線を襲う。三塁手・村上が飛びついたかに見えた次の瞬間、打球がグラブを弾いて、ファウルグラウンドに転がっていった。判定はフェアだ。いち早くスタートを切っていた二塁走者の内藤が三塁を回り、本塁へ猛然と頭から滑り込む。上宮、ついに1点勝ち越しだ。打った岡田が二塁塁上で、元木も三塁塁上で、そろって拳を突き上げた。

このプレー、公式記録ではいったん村上に失策がつけられたが、あとで岡田のヒットに訂正されている。あれはヒットだよ、と打たれた山田が振り返る。

「打たれたおれの球がちょっと甘かったわ。正直、疲れもあった。疲れてた。もういいやって気持ちにはなってなかったけど。ただ、どうしようもないぐらい疲れてたんで、やっぱり、若干ね、微妙に、厳しいところに投げきれなくなってたんだ」

なおもツーアウト二・三塁で、上宮が押せ押せで迫ってくる中、山田は続く鈴木英晃を空振り三振に打ち取る。こうして山田が最後のマウンドから降りたとき、球数は実に163球、5試合で653球に上っていた。

そして、延長十回裏、宮田正直がマウンドに上がった。

この回、東邦の先頭は、岡田のタイムリーヒットの打球を弾いた村上である。

宮田の初球が高めへ抜けた。２球目は内角低めへ直球でストライク。３球目と４球目は村上がファウルし、５球目が初球より大きく高めに外れ、身長１８６センチの塩路が左腕をいっぱいに伸ばして捕った。

投げ終えた宮田が両手を膝につく。微かにではあるが、肩で息をし始めていた。

６球目のシュートがすっぽ抜けて、村上の左肘にぶつかった。死球でノーアウトの走者が出た。内野の元木、種田、内藤、一塁手の鈴木、捕手の塩路がマウンドに集まる。

種田が振り返る。

「あのときから、宮田はおかしかったです。おれが何を言っても、反応がなかった。何て言ってやったか、具体的なことまでは覚えてませんけどね、もう」

元木や鈴木も宮田の胸や背中をたたいて、懸命に落ち着かせようとしていた。

「楽にいけ、楽に」

このとき、宮田はまだ泣き出していない。村上の打席では投球も低めにきている。マウンドに集まった野手たちも、宮田が最後までいけると思っていた。

ただひとり、種田を除いて。

「ぼくはもう、こんな状態じゃ危ないんじゃないかと思ってましたよ。だけど、まだ打者ひとりだったし、代えたほうがいいとまでは言えなかった」

ノーアウト、ランナー一塁で、続く打者は9番・安井総一だった。準決勝まで11打数3安打2打点、決勝もここまで無安打である。当然のように最初からバットを寝かせ、送りバントの構えを取った。100パーセント、バントしかあり得ない場面だった。

ところが、宮田が初球を投げた途端、安井はバットを立て、打って出た。阪口のサインは初球バスターエンドランだったのだ。

いったい、なぜ送らなかったのか。強攻策を取った理由は何なのか。阪口が言う。

「私としては、この回で勝負をつけなければならないと思った。ここでランナーを二塁に送り、1点取って同点にしたとて、そこからも延長戦を続けていけば、戦力の差で上宮に負ける。だから、ここで一挙に2点取って、一気に逆転してしまおう。そう思ってエンドランをかけたわけです」

セオリー通り、送るべきではなかったか。少しでも、バントをさせるという考えが頭をよぎったりしなかったのか。念のために確かめると、阪口は言下に否定した。

「それはなかった。まったくなかった。あの場面では、こっちがまず確実に1点を取りにくるだろうと、上宮も必ずやそう思い、絶対にバントシフトを取るだろう。100人監督がいれば100人バントを警戒してかかるに違いない。そういう状況だったからこそ、私はエンドランで勝負したんです」

安井の打った打球が一、二塁間に飛んだ。阪口の目には会心の当たりに見えた。二塁手はバントシフトのため、一塁のベースカバーに向かうから、打球が弾んでいったところはガラ空きになる。抜けた。右中間に抜けた。阪口はそう思った。

「そうしたらなぜか、抜けたと思ったところに上宮のセカンドがおったんです。なぜか、なぜかセカンドがそこにおった。こんなはずはない。こうなるわけがない」

あの試合から四半世紀以上がたったいまでも、阪口は二塁手・内藤のポジショニングが「信じられない」と言う。

しかし、現実に、内藤はファーストへ向かわず、ほぼ定位置にいた。腰を落とし、正面で打球を捕ると、片膝をついて二塁のベースカバーに入った元木へ送球する。これを元木が捕って一塁走者の村上を封殺し、持ち前の流麗なスローイングで一塁へ投げると、寸前まで誰もいなかった一塁塁上に鈴木が戻ってきて、元木の送球をしっかり受け止めた。

4－6－3のダブルプレーである。一瞬にして、ノーアウト一塁からツーアウト、ランナー無しへと変わった。

山田は、二塁から一塁へ送球した元木の姿をよく覚えているという。

「たぶん、あいつ、あの送球のとき、最高のボールをほうったんだろうね。どうだ、見たか！みたいな感じだったもんね」

あの場面、内藤は東邦がエンドランで来ると読んでいたのか。

「そうです。ああいうところが、ぼくはほかのセカンドと違うぞと自負してたところなんです。ふつうなら、送ってくると見てパッと一塁のベースカバーに行きがちですけど、逆を突いてエンドランでくるかもしれん。それを含めて考えたら、この状況での位置取りはぎりぎりで一、二塁間のこのあたりやなと、そういうことを考えた上で、あそこで守っていたわけです」

元木が解説を加える。

「あのプレーのポイントは、まず内藤が一塁ベースカバーを急がなかったことにあった。ふつうはどうせバントだろうと思って、早く一塁へ行きたがるもんなんだ。次に、バントシフトでチャージしていた鈴木も、それほど前進せずに、一塁へすぐに戻ってきたところだね。みんな、東邦の出方を冷静に見ていたからこそできたダブルプレーだった」

山上のサインでああいう守備陣形を敷いたのだろうか。いや、自分たちの判断だった、と内藤は言った。

「安井の仕草とかバントの構えだとか、そういうところを細かく見ていて、本気でバントしてくるかどうかわからない、エンドランも警戒しておこう、と思ったんです。そういうの、ぼくは自分の感覚でやってるんで」

咄嗟にやろうとしてもできるダブルプレーではない。日ごろの練習の成果でもある、と山上は強調した。

「ああいうケースでバントでくるか、エンドランでくるか、様々なケースを想定した練習をやってたんですよ、こっちは。それこそ、バントしようと見せかけて打ちにいったり、強攻と見せかけてバントでゴロを転がしたりね。そういう練習をぼくは散々やらせたし、当時の選手は自分からも進んでやっていた。だから内藤は一塁と二塁のどっちにも動けるところにいたし、鈴木もフェイントをかけて一塁へ取って返せるところにいたわけです」

のちに阪口と会うたびに、「あのゲッツーだけは腑《ふ》に落ちない」と、山上は何度も言われた。苦笑いして、山上が言う。

「阪口さんはそうおっしゃいましたけどね、こっちはもうそんな作戦はちゃんと計算済みだったんです」

内藤は言った。

「ぼく、高校時代のプレーで評価されて一番うれしかったのが、あのゲッツーなんです。あれを褒められるのが一番気持ちよかった」

元木も言う。

「おれの高校3年間の中で、最もきれいな、素晴らしくて、印象深いプレーだった。いいプレーはいろいろあるけど、守備はあの決勝戦のゲッツーが一番じゃないかな」

たぶん、元木は最高の送球をしたつもりでいたはずだ、という山田の感想は正しかったのだ。元木が続ける。

「これで優勝だ。そう思った。あのゲッツーを取った瞬間は」

内藤も言う。

「間違いなく勝ったと思いました、ぼくも」

塩路はもっと具体的なイメージを思い浮かべていたと、苦笑いしながら言う。

「優勝が決まったら、その瞬間、選手みんながマウンドに集まって、飛び上がったり抱き合ったりするじゃないですか。そういう写真が新聞や雑誌にいっぱい載りますよね。そやから、おれはどういうふうにマウンドに行ったらええかな、どんなカッコしようかなあって、そんなことを考えてました」

三塁側ベンチの山上も、一塁側ベンチの隣にある通用口の扉を見ていた。その向こう側に運ばれてきた優勝旗の竿頭が目に入ったとき、ふとこう思った。

「ああ、やっとあれを持って帰れるのかと、そのときはそう思ったんですけどね」

しかし、種田だけは、まったく違うことを考えていた。結果的に、内藤、元木、鈴木の連係プレーは確かにファインプレーだった。一瞬にして東邦のチャンスを潰し、優勝まであとひとりと迫った。が、これでいける、と思ったところに油断が生じたのだ、と。

「ぼくに言わせれば、あんなもん、たまたまゲッツーになっただけです。勝てるかな、とはぼくも思いましたけどね。それでもまだ、勝てるかな、ですよ。よく言われるように、野球はツーアウトからだから」

宮田が泣き始めたのは、そのときである。

2－1と1点リードで迎えた延長十回裏、ツーアウト、ランナー無し。あとひとり、目の前の打者を抑えれば甲子園で優勝できる。そういう最後の大事な場面まできて、上宮のエースはなぜ泣き出したのか。

宮田自身が言う。

「あとひとりになったとき、いろんなことを思い出したんです。頭の中に、いろんなことが思い出されてきたっていうか。練習のしんどさとか、野球部でいろいろ経験した苦しいこととか、監督や先輩によう怒られたことやとか。そんなんがこう、いっぺんに頭の中に思い出されてきて、そしたらもう、涙が出てきて止まらんようになってしまったんです」

1999年、外傷性くも膜下出血によって記憶を失ってから、宮田はこの決勝戦の映像をYouTubeなどで何度も繰り返し見た。あの日、甲子園のマウンドに立っていた自分の顔が、大きくクローズアップされているテレビ中継の録画を。

最初のうちは、そこに映っている試合が、現実にあったことのようには思えなかった。画面の中で投げているのは確かに自分だが、それではどんな気持ちでどんな球を投げていたのか、何度記憶を掘り起こそうとしても出てこない。実際にはどこかに隠れているのかもしれないが、いくら頭の中で手探りをしても見つけ出すことができない。

しかし、家族や友人に勧められるたびに見返して、頭を負傷した事故からそろそろ10年以上が過ぎたころ、不意に思い出したのだ。ああ、このとき、おれ、泣いてたんや、と。

「あのとき、肘とか肩とか、毎日マッサージしたり鍼打ったりして、あそこまでいったんですよね。いろんなつらい練習や厳しい試合をやってきて、決勝までいける自分をつくりあげたっていうのかなあ。それで、やっと、いろんなものを通り抜けて、春の選抜の頂点に立てるというところまできたんやっていうね、そう思うともう、あとからあとから涙が出てきて、止まらんかったんです」

そういう実感が思い出されるにつれ、マウンドで誰に何を言われたのか、先輩たちの声も耳の奥に蘇ってきた。深呼吸しろ、リラックスしろ、いつものように腕を振れ。元木、内藤、鈴木らが、そう口々に励ましの言葉をかけてくれたことを。

「でも、ぼくは結局、そういう声に応えられませんでした。まだゲームセットやないのに、つい油断してしまって、もう優勝したっていう気持ちが先に立って、最後はひとりで試合をぶち壊したようなものです。せっかく先輩たちの力であそこまで連れて行っていただいたのに」

ツーアウト、ランナー無しとなって、東邦の阪口は観念していた。

「ああ、しょせん、おれはここまでの男か、と思いました。88年の選抜から2年続けて準優勝で終わる。どうあがいても準優勝までの監督か。ああ、情けないなあ、と。山田、原という去年のバッテリーが残っていて、今年こそ優勝しかない、必ずや全国制覇すると、そう自分に言い聞かせて名古屋を出てきたのに、あのゲッツーですべてが終わった」

阪口は自分の手のひらに書いた「笑」の字を見た。たとえ勝てなくても、昨年と同様、鬼のような顔をしていてはいけない。最後は笑って選手を打席に送り出そう。笑って試合を終わらせ、選手たちをねぎらってやろう、と思ったのだ。

そのとき、阪口の視界の端に、ベンチから出て行く選手の背中が見えた。ここまで163球を投げていた山田である。ベンチの横へ行くと、黙々とキャッチボールを始めた。次の回、延長十一回に備えて。阪口は驚いた。

「山田は諦めていなかったんです。私はもう観念しておったのに」

山田が振り返る。

「自然に身体が動いたんですよ。別に、誰に促されたわけでもなく。野球は何が起こるかわからないし、次の回もやることになって、そのときバタバタしたら困る。だから、とりあえず、準備だけはしておこうと思った」

キャッチボールを始めながら、山田はマウンド上の宮田を見た。その位置からは泣いていることはわからなかったが、どこか様子がおかしいとは感じた。宮田の異変に感づいたほかの選手たちもベンチでざわめいている。

次の打者、山中竜美が阪口に言った。

「先生、宮田がああいう状態だから、２ストライクまではバットを振らないほうがいいでしょう。どうですか」

無理やり笑顔をつくって、阪口は答えた。

「ああ、いいよいいよ。振りたくなかったら振らなきゃいい。好きなようにしてこい」

「はい」

うなずいて、山中は打席に向かった。


山中の打席、宮田の初球は低めに外れた。力んでいると見た塩路が立ち上がり、マスクを取って宮田に呼びかける。

「楽にいこう、楽に！」

しかし、２球目も内角への明らかなボールだった。塩路がまた立ち上がって宮田に声をかけたが、次の３球目はもっと大きくストライクゾーンの上に抜けた。４球目もまた高めのボール。ストレートの四球だ。

宮田が山中を歩かせると、山上は控え内野手の高田進治を伝令に走らせた。宮田が本当に泣き出したのかどうか、確かめさせるためだ。高田がマウンドに行くと、また内野手の全員と塩路がマウンドに集まった。

元木、内藤、鈴木が代わる代わる宮田の頭や胸や背中をたたいては励ました。

「泣いてる場合じゃないよ。あとひとりなんだから、頑張って投げろ」

「思い切って腕振っていけよ、腕振ってな。ボールになってもええんやから」

「しっかりせえ。ウチにはおまえしかおらんのやから」

元木が振り返る。

「あのときの宮田はもう、全然、腕が振れてなかった。泣いてるってばれないようにしていたけど、実際には泣きじゃくってるような状態だった。前も見えないいんじゃないかって思ったぐらい。でも、あとひとりまで、宮田に投げてもらうしかなかったから」

実は、自分も宮田と同じように泣きそうになっていたのだと、内藤は言う。

「ぼく自身、ワッと泣き出してしまいそうな感じでした。泣きかけです、泣きかけ。もうジワジワと涙が出てきてたと思います。それぐらいグッとこみあげてくるものがあって、一所懸命抑えようとしてたんです。あのときはほかの選手もそういうものを感じてたはずです。個人差はあったでしょうけど」

そうした中、種田だけはみんなと違う不安を感じていた。このまま宮田に投げ続けさせていたら、おれたちは負けてしまうぞ、と。

「はっきり言って、あのときの宮田はもう、プレーを放棄したのと同じ状態だったと思います。みんなはあのとき、あとひとりなんだからと簡単に考えていたようだけど、ぼくはそうじゃない。あとひとりをアウトにするのがどれだけ大変か、ぼくは理解してるつもりだったたから」

東住吉シニアで野球をやっていた中学3年のとき、関西大会で準々決勝まで進み、勝てば全国大会に進出できるという試合で5点をリードしながら、瞬く間に引っ繰り返されて逆転負けした。マウンドで火だるまになったのは種田自身だった。

あの試合で敗れた相手、名古屋東シニアでエースを張っていた原浩高は、東邦に進んで正捕手となり、この試合でマスクをかぶっていた。もし次の高木につながれたら、その原に打順が回る。

宮田を降ろして、ほかの投手に代えるべきだ。種田は焦燥感に駆られた。河合修、高田正典と、控え投手なら2人いる。自分で投げられる種田自身も入れれば3人だ。宮田以外の誰が投げても勝てるだろう。

しかし、このときもやはり、マウンド上でそんなことを言い出すのは躊躇《ためら》われた。自分以外の全員が、宮田が最後まで投げきることを願い、懸命に励まし続けている。投手交代という現実的な選択肢があることなど、考えてもいないようだ。

種田はみんなの輪を離れ、秘かにベンチの山上にサインを送った。右手首をクイクイと小刻みに振って投げる仕草を見せ、ドアノブを回すように指をクルッと回転させる。投手を交代させてください、という意味だ。

伝令にきた高田の帰り際をつかまえ、種田はさらに念を押した。

「ピッチャーを代えてくれ。おれがそう言ってると、先生に伝えろ」

そんな種田のサインと伝言を、山上はどう受け止めていたのか。

「いや、ぼくはもう、それはダメだ、交代はない、という考えでした。元木たちは宮田に投げさせたいと言ってたし、ぼくも最後まで投げさせるつもりだったんです」

種田の気持ちはわかった。が、この決勝戦で、あとアウトひとつまできて宮田を降ろすことなど、山上には考えられなかった。

宮田はボーイズリーグのオール松原にいたころ、山上自身が見初《みそ》めて上宮に引き入れ、手塩にかけて育て上げたエースだ。ここまで宮田で来たからには、最後まで宮田に託して頂点に上り詰め、初優勝を達成したかった。

それはそれで正しい決断なのだろう。山上や元木たちが、上宮の優勝投手にふさわしいのは宮田のほかにいないと考えていることは理解できる。でも、と種田は言った。

「ぼくは、勝つことにしか意味がないと思ってた。優勝と準優勝は大違いですから。宮田には残酷な言い方かもしれないけど」

ツーアウト、ランナー一塁で、東邦の打順は髙木である。阪口によれば、髙木も打席に向かう前、山中と同じことを言ったという。

「先生、ぼくも、2ストライクまでバットを振らずに待とうと思います」

「そうか。おまえの好きなようにしてこい」

実際にそんなやり取りをしたのかどうか、髙木のほうは覚えていない。無論、初球から振るつもりはなかった。山中にストレートの四球を出したばかりで、宮田が動揺していることはわかっていたからだ。

しかし、宮田が泣いていたことははっきりと覚えていない。髙木は宮田の顔ではなく、手元を見ていたのだ。打席に立ったら投手の手元を見ろ、手元で球種を探れ、というのが阪口の教えだった。

先生の教えは忠実に守ります。髙木がそう思いながらベンチを見ると、阪口はニッコリ笑い、ウンウンとうなずきかけてきた。髙木が一瞬、あれっ？　と思ったほどのいい笑顔だった。このときの髙木にはわからなかったが手のひらに書いた「笑」の字が効果を発揮していたらしい。

打席で軽く素振りをすると、髙木は自分に言い聞かせた。

最後のバッターにだけは、なりたくない。何が何でも、塁に出る。

髙木の予想通り、宮田は制球が定まらず、初球、2球目と明らかなボールが続いた。前打席から数えると、6球連続ボールだ。

また元木がマウンドへ走る。種田、鈴木、塩路もやってきた。自分の右腕を振って見せながら、元木は言った。

「腕を振れ、腕を！」

涙を浮かべてうなずく宮田の腰に手を回し、何度もたたいてささやきかける。頼むぞ。頑張れよ。あとひとりなんだから。もう、ほかにかける言葉などなかった。

3球目、やっとストライクが入る。4球目はボール。5球目はストライク。髙木が1球も振らないうちに、フルカウントになった。

あと1球。ここでまた、元木が駆け寄って宮田に声をかけた。あと1球で、髙木を打ち取れば勝ちだ。落ち着いていけ。腕を振れ。

うなずいた宮田が、マウンドで大きく息をする。背後を振り返り、外野手の岡田、小野寺、岩崎に向かって右手の人差し指と小指を突き上げ、大声で呼びかけた。

「ツーダン、ツーダン！」

打席に向き直り、足下のロージンバッグを拾った。三塁側のスタンドから、怒濤《どとう》のような「あと1球」コールが聞こえてくる。

髙木には何も聞こえていなかった。

「正直、もう半分あきらめてました。スライダーかシュートにヤマを張ってたけど、スライダーだったら空振りしてたでしょう」

しかし、宮田が選んだのはシュートのほうだった。最後の1球は昔から得意にしていた球で決めたい、と思ったのかもしれない。

やや高めに抜けた球に髙木がバットを合わせると、打球は三遊間の深いところへ飛んでいった。よし、抜けた。レフト前だ。髙木がそう思った次の瞬間、元木が追いつく。一塁への送球は間に合わず、内野安打となった。

ツーアウト、ランナー一・二塁。ここで、３番の原が打席に入った。

種田が振り返る。

「あの時点で、ウチにはもう流れがきてないと思いました。ツーアウトからストレートのフォアボールでランナーを出して、次が内野安打でしょう。打たれたとか打たれないとかではなく、ああいう形でつながれてしまうということは、明らかに流れがあっちに行ってしまってる。こっちから運が逃げている、ということなんですよ」

その流れをもう一度引き寄せなければならない。そのためには、やはり潮目を変える手を打つ必要がある、と種田は考えた。

「それにはピッチャーを代えるしかなかったんです。もう宮田じゃ勝てないんだから」

このままでは負けてしまう。そういう不安が、種田の胸の中で際限なく膨らんでいた。あのときと同じだ、と思った。リトルシニアの関西大会の準々決勝、おれは５点リードをもらってマウンドに上がり、何とかなる、絶対勝てると思いながら投げ続け、あげくにボコボコにされて試合を引っ繰り返された。

山上はブルペンに控え投手のふたりを走らせた。ともに3年で、背番号14の高田はこの試合中、何度も肩をつくっていた。背番号11の河合もその隣で準備を始める。

しかし、山上はやはり、宮田を代えようと考えてはいなかった。

「ふたりをブルペンに行かせたのは、同点にされたときのための準備です。いかに宮田でも、球数もいっているし、追いつかれてからも続投させるのは難しいかもしれない。その先も延長戦が続く可能性もありましたから」

ツーアウト、ランナー一・二塁、もうあとのない状況で打順が回ってきた原は、どんなことを考えていたのか。のちにこうコメントしている。

「あきらめかけていたところで、思わぬチャンスがめぐってきましたからね。最後のバッターにだけはなりたくない。初球から打っていこう、と思いました」

このときの原の表情を、阪口はよく覚えている。ネクストバッターズサークルから打席へ向かう直前、バットを持ったまま2、3歩後ろ向きに歩いてきて、ベンチの阪口を振り返ったからだ。

原は笑っていた。自分のグリップを阪口に示して、同意を求めるようにうなずきかけてくる。いつもはバットを長く持っているそのグリップが、このときは指2本ぶん短い。

ああ、わかった、と阪口は思った。原が何も言わなくても。

「原は、宮田くんが初球からシュートで来るだろうと読んでいたんです。泣いているし、疲れているし、早く試合を終わらせるためにね。だから、バットを短く持って、初球からいっていいですかと、目でぼくに語りかけていたんだな」

阪口が野球部で預かっている生徒の中で、原はとりわけ学業の成績が優秀だった。それだけ頭のいい原が宮田の心中を見通し、この土壇場で初球攻撃に出ようとしている。

「あの場面には、そういう読み合いがあり、ぶつかり合いがあった。1対1の勝負の醍醐味《だいごみ》を感じました」

原の無言の確認に、阪口はうなずいた。もちろん、阪口のほうも笑顔で。

一塁塁上にいた髙木は、阪口や原とはまったく逆のことを考えていた。

「まさか、原が初球から振ってくるなんて、まったく予想してませんでした。山中がストレートのフォアボール、ぼくが1球も振らずにフルカウントまでもっていって内野安打でしょう。だから、原も最初は見てくるだろうと思ったんですけどね」

もっとも、髙木自身、それほど冷静に戦況を見極めていたわけではない。一塁から宮田の背中、塩路のミットの位置、打席に立った原を見ながら、ふと意識が飛びそうになるのを感じていた。

「頭がボーッとしてました。正直、疲れてたんです。これじゃいけないとわかっているのに、集中力が続かない。そろそろ、意識が途切れ途切れになりかけてました」

すでに体力も精神力も限界に達していたのは、宮田だけではない。髙木も同様だった。髙木は175センチ、76キロのひょろりとした身体で、阪口の猛練習についてきた。歯や顎が折れても、甲子園で爪が剝がれても、決して弱音を吐かずにここまでやってきた。文字通り血の滲むような苦労も、この決勝で終わる。勝って終わるか、負けて終わるか、いや、その前に自分が倒れるか。それほどの状態に追い込まれていたのだ。

「甲子園の決勝は、そういう試合なんです」

宮田が初球を投げる。この決勝戦150球目、甲子園604球目のボールは、原の読み通り、渾身《こんしん》の力を込めたシュートだった。

原が打った。どん詰まりだ。力のない飛球がフラフラとセンターに舞い上がる。

そのフライを見ながら、阪口は思った。

「力対力の勝負では、宮田くんの勝ちです。シュートのキレがよかったんで、打球が詰まった。でも、そこから先の展開は、私たちに運があった」

原の打球が、小野寺の前に落ちる。フライが上がるとともにスタートを切っていた二塁走者の山中は、東邦でも一番の俊足だった。小野寺がワンバウンドで捕球し、山中が三塁を回ってホームへ突っ込む。

小野寺の返球がノーバウンドで捕手の塩路の胸元に届いた。捕った塩路が、覆い被さるようにタッチにいく。同時に山中が左足から滑り込んだ。

アウトだ。ベンチの山上にはそう見えた。中継プレーに備えるため、マウンドの横まで来ていた元木もアウトだと思った。やった。ゲームセットだ。

次の瞬間、球審の布施勝久が両腕を広げた。セーフ！　同点だ。2‐2になった。


プレーはまだ続いている。塩路はボールを右手に握り、ホームベースの前に出ながら、一塁走者だった高木を目で追った。

二塁を回ったところに、高木はいた。三塁へ向かおうとしながら、こちらを見ている。

高木はこう考えていた。

「本塁でクロスプレーやってたんで、グチャグチャするようならぼくも三塁へ行けるかもしれないと思った。塩路が山中を押さえ込むようなことをしてたんでね」

素早く体勢を立て直した塩路は、自分の足で高木を追いかけようと前に出る。

「どうしようかな、とぼくが思ってる間に、高木がすばしっこいんで、二、三塁間の中途半端な位置まで来たんですよ」

ちょうど二、三塁間の半ばあたりで高木が足を緩めた。行ったりきたりしながら、塩路の出方をうかがっている。塩路が言う。

「ここは自分で追いかけるよりも、セカンドの内藤さんか、サードの種田さんか、どっちかに送球したほうがいいと考えました」

高木は何を考えていたのか。

「塩路はセカンドへ送球すると思った。そうしたら、ぼくはサードへ走るつもりでした」

塩路はこう判断した。

「ぼくがセカンドへ投げたら、高木は間違いなくサードへ行く。彼はサヨナラのランナーなんで、サードへは進ませたくない。何とかセカンドで止めておきたい」

マウンドのあたりまで走りながら、塩路は三塁手の種田に投げた。

この送球が、種田には意外だった。

「ぼくのほうは、塩路がセカンドに投げると思ってたんです。サードの守備位置から見ている限り、高木はまだセカンドのほうに近いところにいたから。塩路が高木をセカンドで止めたかったんなら、あそこからもっと高木を追いかけていって、自分でセカンドのほうへ追い込んでいかなきゃいけなかった。塩路はそうするだろうと思ったんですけどね」

とはいえ、あの送球が塩路の判断ミスだと批判するつもりはない。やはり、直接の責任は自分にある、と種田は言う。

「塩路がぼくに投げてくる可能性もゼロではないわけだから、ぼくもそういう準備をしておく必要はあった。それを考えてなかったのは、ぼくの油断です」

塩路の送球を種田が捕り、高木を追いかけ始める。二、三塁間に挟まれて、高木はこう考えた。

「セカンドに戻るしかないから、内藤に向かって走った。種田の送球が自分の背中に当たったらいい、当たってくれ、と思って」

送球が自分に当たれば、種田が審判に走塁妨害と判定され、テークワンベースで三塁へ進塁できるはずだ。髙木は、二塁ベースではなく、内藤を目がけて猛然とダッシュした。心の中で、こう叫びながら。

種田が投げたらおれに当たれ。おれの背中に当たれ。頼むから当たってくれ！

もっとも、種田はこう言っている。

「髙木にそんな意図があったのはわからなかったです。わかってもこっちには関係ない。そんなことをして、もし本当に当たったら、こっちの走塁妨害じゃなくて、向こうの守備妨害になったでしょう。ぼくには内藤のいる位置はわかってたから、そこに向かって投げればよかったんです」

その考え通り、冷静に送球すればよかったのかもしれない。しかし、塩路の送球が内藤ではなく自分に来たときから、種田の心には焦りが生じていた。

「焦りました。間に合うかな、ぎりぎりかなと思いながら、急いで内藤に投げたのがよくなかった。髙木の位置とかは関係ないです。ただ、ぼくのスローイングが悪かった」

種田が投げた。

この運命の送球を、内藤の目はどのように捉えていたのか。

「最初は見えてたんですが、途中から髙木の身体に重なりました。それに種田の球が速いんで、もう目では捉えきれない。あああっ！　どうしよう！　って感じで、もう捕れないから身体で止めにいったんですよ。膝を落として、ボールを胸か腹に当てようと思って」

内藤が前屈みになると同時に、その膝元へ髙木が右足から滑り込んできた。身体が重なったふたりの傍らを、種田の投げたボールがショートバウンドして通り過ぎる。チームでも随一の強肩を誇る種田の送球は、文字通り矢のような速さだった。

しまった、抜けた！　そう思った種田の目に、カバーに走ってきた右翼手・岩崎の姿が見えた。天然芝の外野から土のグラウンドへさしかかるあたりだ。よかった、こんなに前に来ていたのか。これなら大丈夫だ。

種田がホッとした次の瞬間に、芝生と土の継ぎ目で白球が大きく跳ねた。イレギュラーバウンドだ。

ああっ！　と種田は思った。恐らく、声に出していたに違いない。

ボールが岩崎の左肩の横をすり抜け、外野フェンスへ向かって勢いよく転がってゆく。球足が速い。まるで意思を持って逃げている小動物のように。

走者の髙木と二塁手の内藤は、その白球の行方を見ていない。ただ、外野へ抜けたことだけは察知していた。

高木はすぐさま立ち上がると、三塁へ向かおうとした。

そのとき、内藤はどうしたか。

「高木の足か尻か、そのへんを右手でつかみました。咄嗟に、走らせちゃいかん、少しでもスタートを遅らせなきゃいかんと思って」

内藤は高木の足をつかみ、両腕を下半身に回して、上体をもたせかけた。一連のプレーの流れの中で、不可抗力で身体が重なったかのように見せかけて。

高木が振り返る。

「内藤がのしかかってきたんですよ。それを振り払うのに必死でした。送球が逸れたのはわかったけど、そのあとでどこへ行ったか、確かめてる余裕なんかなかった」

内藤の手を振りほどいて前を見たら、元木や種田が外野のほうを見ていた。そのとき、彼らがどんな表情をしていたかまでは覚えていない。彼らの向こうでは、三塁コーチャーの安井が大声で何か叫びながら、ものすごい勢いで腕を回している。

朦朧《もうろう》とした頭で、高木は考えた。そうか。三塁へ走ればいいのか。とすると、ボールは外野に転がってるんだな。

「とにかく、サードへ行こうと思いました。もうヘトヘトで体力が残ってなかったから、とりあえずサードまでは走ろうと」

サードまで行ったら止めてくれ。これ以上走れない。頼むからおれを止めてくれ。

喘《あえ》ぎながら三塁まで走ってきた髙木に向かって、安井はなお腕を振り回し、絶叫した。

「ゴー、ゴーッ！」

髙木が三塁に向かっている間、元木は呆然と白球を見送っていた。

このとき、元木が立っていたのはマウンドの付近である。原がセンター前へ同点タイムリーヒットを打ったとき、小野寺からの返球を中継できるよう、カットマンのポジションに入っていたのだ。

元木が振り返る。

「だから、おれ、あのプレーにまったく参加してないんだよ。8－2－5－4とボールが渡ってる間、マウンドの近くに立ったまま、ただ成り行きを見てたわけ。最初にホームのクロスプレーを見て、アウトだろう、と思ってたら、セーフかよ。そう思って見てたら、サヨナラのランナーを二、三塁間に挟んで、よし、アウトだ、チェンジだって、てっきりそう思ってたら、あんなことになっちゃったんだ」

ボールが外野へ逃げていく。一所懸命追いかけている岩崎の背番号9が、元木の視界の中で見る見る小さくなってゆく。

「岩崎の向こうに誰もいないんだよ。外野に誰もいないんだ。そこを転がっていくボールが半端なく速かった。ああ、もう、ランナーにホームまで帰られる。なんぼ足の遅いやつでもセーフになる。そう思った。負けたと」

負けたと思った途端、腰から力が抜けた。両膝が落ち、元木は頭からグラウンドに突っ伏した。

「何だ、これ？　何が起きたんだ？」

頭では負けたとわかっていても、目の前で起きたことがまだ信じられない。1点リードして、ツーアウト、ランナー無しまでいったのに。元木の両目から涙がどっと噴き出し、甲子園の土を濡らした。

その傍らで、宮田もしゃがみ込んでいる。彼の頬にも涙が伝っていた。

種田は、三塁の傍らに立っていた。

「サヨナラのランナーの髙木がベースを踏むかどうか、一応見ておかなければいけませんでしたから」

髙木は三塁ベースを踏み損ねたりはしなかった。腕を回し続けていた三塁コーチャーの安井が、髙木に笑いかけながら一緒に本塁へ向かう。そのときになって初めて、何が起こったのか、おぼろげながらわかってきた。

三塁から本塁へ向かう途中、髙木は外野を振り返った。当時の新聞には、髙木が本塁へ走りながら、うずくまった元木を見下ろしているかのような写真が掲載されている。

「いや、それはそう見えるだけですよ。ぼくには、そんな余裕はなかった。あのときは、土の色もわからないし、スタンドの大歓声も聞こえなかった。ただ、一緒に走った安井の笑顔と、目の前のホームベース。このふたつしか覚えてません」

ホームベースの周りではすでに、チームのみんなが髙木を待ち受けていた。誰も彼も、満面に笑みをたたえている。同点のランナーだったキャプテンの山中がみんなの前でしゃがみ込み、両手で丁寧にホームベースの土を払っている。

跳ねるように戻ってきた髙木が、左手の拳を天に突き上げ、サヨナラのホームを踏もうとしたそのとき、五角形のベースがピカッと光った。一瞬、魅入られたかのようにその光を見つめたのち、髙木は万感の思いを込めてホームベースを踏んだ。

「あの光はいまだに覚えてます。本当に光ったんですよ。ピッカーッ！　てね。かぐや姫の入っていた竹も、あんなふうに光ってたんじゃないか。そういう光でした」

光ったような気がしたのではない。髙木は確かに光を見たのだ。それはきっと、野球の神様が髙木にだけ見せてくれた一生に一度のご褒美だったのかもしれない。

勝った瞬間、阪口はベンチで泣き崩れた。部長の和田悟に差し出された手を握り締めると、まるで涙腺が破裂したかのように、どっと涙が溢れ出した。

勝った、本当に勝った、九分九厘負けたと思った試合で、初優勝できた。ベンチの前に立って東邦の校歌を聞いている間も、一塁側ファウルグラウンドで選手たちに胴上げされているときも、阪口はまだ泣いていた。

「あのときのことを思い出すと、いまでも涙が出そうになる。それぐらいうれしかった」

しかし、勝利監督インタビューにはきちんと答えなければならない。ベンチ前のお立ち台で、ＮＨＫ、民放の順番でアナウンサーの質問を受けていると、最後にこう聞かれた。

「それでは、奥様に一言、何かございませんか」

その途端、阪口の両目から、また涙が流れ落ちた。24歳で結婚し、子供をふたりもうけながら、野球漬けの生活を送って、ほとんど家庭を顧みなかった。それでも、妻の睦子は文句ひとつ言わず、阪口が下宿させた野球部の子供たちの世話を焼いてくれた。

阪口や山田喜久夫が寝付いたあと、風呂場でひとり、山田のユニフォームを手揉み洗いしていた睦子の背中が阪口の瞼の裏に蘇る。そこにまた熱い涙が湧き上がって、どうにもこらえきれなくなった。

三塁側ベンチの前では、泣きじゃくる選手たちひとりひとりに山上が声をかけていた。

アルプススタンドの応援団に向かって挨拶をすることになっている。優勝旗、準優勝旗が授与される表彰式、閉会式も控えている。さらに、甲子園の会議室に招かれ、全国高校野球連盟の会長から労《ねぎら》いの言葉を贈られる席ももうけられていた。そのすべてを滞りなく行わなければならない。

　くしゃくしゃになった元木の頬を、山上は両手ではさんだ。噛んで含めるように、こう言って聞かせる。

「元木、夏だ。まだ夏がある。夏、もう一度ここにきて、今度こそ優勝しよう」

　種田は泣かなかった。ただ、悔しくて、腹立たしくて、イライラしていた。ほかの選手が涙を流している手前、とりあえず自分も下を向いて泣いているような振りを装っていたが、実際は自分のミスに対する怒りが腹の底からこみあげてくるのを感じていた。

　表彰式、閉会式が終わって、東邦と上宮の選手が優勝旗、準優勝旗を掲げてグラウンドを一周する。三塁側アルプススタンドの前に来ると、まだ残っていた応援団や生徒たちが労いの声と拍手を送ってくれた。

「ありがとう！」

「よう頑張った！」

「胸張って帰ろうで！」

　そのときになって初めて、種田の目にも涙が溢れた。種田が言う。

「自分があんなミスをして負けたのに、まだこういう声をかけてもらえる。そのことが、無性にうれしかったんです」

　しかし、種田を責めることはできない、と山上は言っている。

「あの状況で、ああするほかに、どうすればよかったのか。誰もミスはしてません。決勝までの試合もエラー1個できていた。ウチは鉄壁の守りをしたんです」

阪口も同意見だ。

「種田くんのスローイングは悪くなかった。低めにいいボールがいっていました。ただ、それが一瞬、高木と交錯して、内藤くんから見えなくなった。それは偶然であって、内藤くんが捕り損ねたわけでも、種田くんが投げ損なったわけでもない。誰が悪かったということじゃないんです。偶然なんです。すべては、偶然が重なった結果だったんだ」

しかし、種田自身はいまでも自分のミスだと言う。

「ハーフバウンドした以上、明らかな悪送球です。ぼくがしっかりボールを握って、真っ直ぐセカンドに投げていればよかった。塁間のキャッチボールがしっかりできなかったんだから、言い訳はできません。また、チームとしても、当時の上宮のレベルからすれば、とてもベストのプレーだったとは言えない」

高木はこう言っている。

「種田の送球が悪かったというより、送球が速過ぎたんじゃないかな。彼はすごく肩が強かったから、ふつうの内野手が投げるよりうんとスピン量がかかっていた。それであんなに勢いよく外野に転がっていったんです。もしサードが内藤だったら、あんなに速い送球はできなかったでしょう」

なお、高野連の公式記録には種田にエラーはついていない。失策が記録されたのはイレギュラーバウンドを捕れなかった岩崎だ。

試合後、種田は岩崎に頭を下げた。

「あそこは、おれのミスだった。あんな跳ね方をしたら、誰だって捕れないよ。周りから何か言われるかもしれないけど、ごめんな」

岩崎の親と顔を合わせる機会があり、種田はこのときも「すみませんでした」と伝えている。高校野球の世界では、ああいうプレーがあると、えてして親にまで批判が及び、親同士の確執にまで発展しかねない。中学時代のリトルシニアでそういう現実を目《ま》の当たりにしていた種田は、自分が原因でそんなことになるのが嫌だったのだ。

内藤のほうは、このプレーに関して種田と話をした記憶がない。

「あのあと、よく聞かれましたけどね、種田とどんな話をしたかって。特別、謝ったり、謝られたりということはなかった。一所懸命やってああなったんだからしょうがないよ、別に誰が悪かったってわけやないんやからって、いう感じやなかったかな、お互い」

すべての行事を終えたあと、阪口と東邦の選手は宝塚市の松涼庵に帰った。

夕方、広間に食事の用意が整い、選手全員が呼ばれる。その光景がテレビや新聞に撮影されることになり、記者やカメラマンも大勢やってきた。

阪口が席につき、その隣に山田が座って、さらにその隣が高木である。料理に口をつけようとして、自分が食べられなくなっていることに、高木は気がついた。

「神経性胃炎だったんです」

その夜はお茶をすすっただけで、何も食べられなかった。山田やほかの選手はその後、カラオケで歌って盛り上がっていたが、高木はひとりだけ部屋に帰って床に就いている。みんな自分のユニフォームを洗濯しているのに、高木はそれも忘れたまま、明くる日、泥だらけのユニフォームをバッグに詰めて名古屋に帰ることになった。

「もう、抜け殻になってました。完全にね。勝ったという喜びより、終わったという実感しかなかった。やった！　勝った！　というんじゃなくて、ただ、終わった。それだけ」

この選抜大会、高木の通算成績は20打数6安打5打点。自分を雑草と呼び、脇役と任じていた球児が、終わってみれば野手で最高の活躍を見せたのだ。ちなみに、最多の7安打をマークしたのは、5番を打っていたエースの山田である。

いま振り返ってみても、あのときの自分は神がかっていた、と高木は言う。

「あの選抜のときだけ、野球の神様がぼくに降りてきてくれたんじゃないかなあ。練習のとき、いつもなら力いっぱい振ってもホームランは打てないのに、軽く振っただけでスタンドに入ってた。決勝の走塁も、種田の送球をぼくの背中に隠してくれた。それで最後にピッカーッ！　とホームベースが光った。そういうのはやっぱり、自分の実力じゃなくて、神様の為せる業《わざ》だと思います」

東邦はこの年の夏も甲子園に出場するが、1回戦で岡山の倉敷商業高校に1‐2で敗退している。髙木は練習でほとんどホームランを打てず、試合でもノーヒットに終わった。春の神様は、夏は降りてきてくれなかった。

なお、東邦の宿舎だった松涼庵はその後、1995年の阪神・淡路大震災によって倒壊しており、いまはない。


グラウンドに膝をつき、頭を抱えて泣いた理由を、元木はこう説明している。

「あれがサヨナラヒットを打たれて負けたんだったら、おれ、あんなふうにはなってないと思うんだ。ああ、打たれた、負けた、ちくしょう、とふつうに悔しがって終わってたでしょう。でも、あの負け方は何かこう、野球っぽくないじゃない。わけのわからないうちにサヨナラのランナーが帰っちゃって、全然スッキリしない負け方だったからさ」

そして、こういう負け方も、野球の神様の思《おぼ》し召しかもしれない、と元木は言う。

「あのときのおれたちに、優勝はまだ早いよって、神様が教えてくれたのかもしれない。春に優勝したらおれたちが勘違いして、次の夏にいけなくなる。だから、おれたちに試練を与えて、この悔しさを糧《かて》に、夏こそ甲子園に行けよって、そういうふうに神様が導いてくれた気もするんだよ」

甲子園から太子町の合宿所に帰ったころには、元木の気持ちはもう夏に向かっていた。元木たち3年にとって、最後の夏だ。上宮自体、夏の甲子園に出場したことはまだ一度もない。だから、おれたちが行って、夏こそ優勝しよう。東邦を倒して、頂点に立とう。そう、元木は胸に誓った。

決勝から間もないころ、元木は宮田と一緒にNHKのインタビューを受けている。

この模様は4月10日、夜9時からの〈NHKニュースTODAY〉のスポーツコーナーの中で、「高校野球決勝戦10回裏のドラマ」として放送された。準優勝旗を背にした詰め襟学生服姿の元木が、東邦の原にセンター前へヒットを打たれてからたった27秒で形勢が逆転したと、問題の場面を冷静に分析している。

内藤が高木の腰にもたれかかって、走らせないようにしがみついている映像も映し出されている。ただ、そのときもその後も、内藤のプレーを問題視する声は聞かれない。

宮田は、このインタビューで初めて、自分が泣いていたことを明らかにした。

「涙が出て、ミットも見えなくなりました。ゲームセットになってないのに。ぼくが油断したんです」

ただし、現在の宮田は、こう言っている。

「ああ、泣いとったなあ、ということは思い出したんですよ。でも、それをテレビでしゃべったことは忘れてます」

第10章

最後の甲子園

山上が怒り、元木が走り、すべては終わった

内藤秀之にとって、高校生活最後の夏は、元木大介がひときわ眩しく見えた季節である。

１９８９年春、選抜大会の決勝で東邦高校に悲劇的な逆転サヨナラ負けを喫したことにより、上宮高校の人気はかえって上がったとも言える。とりわけ、４番・ショートとして活躍した元木は、端麗な容姿とも相俟《あいま》って、かつての甲子園の大スター、ＰＬ学園高校の清原和博を彷彿《ほうふつ》とさせる人気の高さだった。

「夏は必ず大阪大会を勝ち抜いて、また甲子園に行きます。そして、今度こそ山田くんのいる東邦を倒して優勝する」

かねてからそう公言していた通り、元木は夏の大阪大会の開幕と同時に爆発する。

1回戦の大阪学院大学高校戦で、二塁打、三塁打と長打を連発して3打数2安打。7－0で7回コールド勝ちを収めて波に乗ると、2回戦の大阪市立高校戦で早くも大会1号となる2ラン本塁打を放って、今度は9－0で6回コールド勝ちである。

元木は3回戦の泉大津高校戦でも2号本塁打をレフトスタンドへたたき込み、またもや10－0で6回コールド勝ち。相手が格下とはいえ、3試合連続のコールド勝ちは、春以上の勢いを感じさせるに十分だった。

しかし、内藤の目に元木が眩しく映ったのは、ただ単に試合で活躍したからではない。

「正直言って、それまで上宮が夏に甲子園に行けなかったのは、山上先生の指導があまりに厳しかったから、というのも理由のひとつなんです。ぶっちゃけた話、あんまりムチャクチャ怒られるもんやから、3年はみんな、もう野球はええわ、早よ引退して、海に行きたい、と思ってしまうんですわ」

この大阪大会、内藤と一塁手の鈴木英晃は出足で調子が上がらず、1、2回戦と2試合連続で無安打に終わった。すると、2回戦の翌日だったか、監督の山上烈はウォーミングアップの最中にふたりを呼びつけ、声を張り上げてこう怒鳴りつけた。

「おまえらはどこかの高校のスパイか！」

2試合続けてノーヒットとはどういうことだ。おまえたちは本当はライバル校の回し者なのか、だからウチの足を引っ張っているのか、という意味である。

山上としては発奮させるために言ったのかもしれない。しかし、この言葉には内藤も頭にきた。こっちだって毎日必死になって練習しているのに、スパイとまで言われる筋合いはない、と。

「それを言われた瞬間、その場でキレてしまったんですよ。もうええわ。そないに思われてんのやったら、早よ野球やめて海行こう、そのほうがマシやって」

内藤も鈴木も、すっかり腐ってしまった。きょうから練習をサボって海に行こうか、という考えが脳裡をよぎった矢先、ひとり黙々とウォーミングアップをしている元木の姿が目に入った。1年のころから、あんなに練習嫌いで、山上に散々怒られていた元木が3年になったいま、背中でみんなを引っ張ろうとするかのように走り続けている。

「あのひとりで黙々とアップしていた元木の姿は、いまだに忘れられません」

このころの元木はキャプテンだったこともあり、あえて山上の怒られ役を任じていた。奈良の郡山高校と練習試合をしたとき、集中力に欠けるプレーが見られたからと、山上はほかの選手をバスで南河内郡太子町の合宿所に帰して、元木ひとりだけを郡山に残し、延々とダッシュを繰り返させている。

しかし、いくらつらい目に遭わされても、元木は絶対に音を上げなかった。内藤や鈴木のように、やっていられるか、と反発する素振りすら見せないのだ。内藤が言う。

「あいつはそれだけ、夏の甲子園へ行きたかったんですよ。あのときのメンバーの中で、夏も出るぞ、出て優勝するぞっていう気持ちが一番強かったんは、間違いなく元木大介やった。そういう元木に、ぼくらもずっと引っ張られてた。あいつはすごいキャプテンシーのある男やったんです」

内藤が言うように、このころの元木は張り切っていた。この最後の夏のチームもとても気に入っていたと、元木が言う。

「1年で、おれのジュニアホークスの後輩がふたり入ってきたでしょ。（中村）豊に市原（圭）、それに久保（孝之）と藪田（安彦）ね。その上に2年の宮田、塩路がいて、その上におれら3年がいるんだから、そらあいいチームだよね。個性が強いメンバーばかりでさ、夏はこのチームでどこまでいけるのか、楽しみにしてたんだよ」

元木の言う中村はのちに日本ハム、藪田はロッテ、市原と久保はダイエーと、それぞれプロに進んでいる。その上に、元木、種田、宮田と、やはりプロ入りする選手が3人いたのだから、確かに魅力的なチームである。

内藤は、4回戦の桜宮高校戦で、その元木に救われたプレーが忘れられない。

1－1の同点で迎えた五回、エースの宮田正直が一挙3点を失って突き放された。

ツーアウトながらも、なお追加点の走者がダイヤモンドを賑わせていた場面だ。次打者の打球が二遊間に飛ぶ。素早く逆シングルで捕った内藤が、一塁走者を二塁で封殺しようと、ベースカバーに入る元木に送球した。

このタイミングなら、このあたりに元木はいる。そこへ投げればいい。そう思っていつものように投げたつもりのボールが、ベースの手前でショートバウンドした。

あっ、やってもうた！　4点目のランナーに帰られる！　そう思って内藤が青ざめた次の瞬間、スッと伸びてきた元木のグラブに、パチン！　と音を立ててボールが収まった。そのまま元木が二塁ベースを踏み、フォースアウト、チェンジ。

助かった、と内藤は思った。

内藤のショートバウンドした送球が後ろへ逸れ、4点差、5点差をつけられていたら、果たしてその後の展開はどうなっていたか。一気に流れが桜宮に傾いて、試合を引っ繰り返せずに負けていたかもしれないと、いまでも内藤は思っている。

「ぼくがショートバウンドさせたボールを、元木があらかじめわかってたみたいに捕ってくれたんですよ。その感覚は、いまだに自分の身体に残ってます。内野手って、そういうほんの一瞬のタイミングで、救われたり死んだりするんですよね。傍目にはふつうの連係プレーにしか見えないでしょうけど」

そんなボールのやり取りが、ときに選手と選手の絆を固め、ときに断ち切ってしまう。十代のころに経験する野球は、社会に出て味わう成功や失敗以上に、人生で最も大切なものは何かを教えてくれることがある。

この五回、ベンチの山上が腹に据えかねていたのは、3点を失った宮田の投球である。宮田がうなだれて帰ってくると、周りが驚くほどの大声でこうどやしつけた。

「またおまえのせいで負けるのか！　みんなでここまでやってきたのに、そういう気持ちがわかってんのか！　エースだろう！」

そう怒鳴って、飲み終わったジュースの缶を宮田に投げつけた。空で柔らかいアルミ缶とはいえ、宮田にとっては十分恐ろしい叱責だったに違いない。

「すみません」

そう言って山上に頭を下げたとき、宮田は身体を震わせていた。が、目は睨み返すように山上を見つめていた。もしかしたら、山上が怖くて震えていたのではなく、怒りの武者震いだったのだろうか。

直後のその裏、上宮は一気に4点を取って逆転に成功した。勝ち越しの2ラン本塁打を打った1年の中村がヒーローとなり、大阪のスポーツ紙に大きく取り上げられている。彼が明治大学を経てドラフト1位で日本ハムに入団するのは、これから6年後の1995年秋のことだ。

それにしても、夏の甲子園を目指していたころの山上は、元木につらく当たり過ぎたのではないか。そう言うのは種田である。

「あのころの先生は、元木の言うこと、やることを何でもかんでも撥《は》ねつけていたようなところがありました。元木が何か意見を言っても、おまえの言うことなんかアテになるかって相手にしようとしない。それじゃあ話が進まないから、ぼくが口を挟むと、先生も、ああ、そうか、それでやってみろと言ったりする。元木だって面白くなかったでしょう」

大阪のスポーツ紙に、山上のこんな発言が載ったこともある。

「元木が5人いるより、種田が5人いるほうが強い。そっちのほうがよっぽどいいチームができるだろう」

このコメントの真意について、山上はこう説明している。

「当時、新聞記者は何かと言えば元木のことばかり聞きたがっていました。しかし、ぼくとしては、このチームは元木だけで持ってるチームじゃないんだから、ということを言いたかったわけですよ。種田もいるし、岡田や鈴木もいるし、下級生も出てきてるんだし、もっとほかの選手にも注目してくれと」

そうした山上の意図が元木にきちんと伝わっていたかどうか、種田にはわからない。逆に、おれのことを変に意識するようになっていったのは先生のせいじゃないか、と考えたこともある。しょせん元木とは馬が合わなかったのだ、と言えばそれまでだが。

種田が言う。

「元木は性格的にすごく真面目でした。プロに入ってからは、チャラチャラしていて練習嫌い、というキャラになりましたけど、高校時代は全然、違ってた。まあ、それがぼくと合わなかった部分でもあるんですが」

例えば、その日の練習が予定より早く終わったら、決められた終了時刻の前でも帰ればいい、というのが種田の考え方である。元木は逆に、終了まで時間が余ったら、そのぶんを別の練習やミーティングに充てて時間いっぱいやろうとするのだ。

となると、種田は元木にこう言わないではいられない。

「もうやることやったんやから帰ったらええやん。これ以上、何をするねん。効率が悪いやないか」

すると、元木はこう言い返す。

「いや、まだ時間が残ってるやろ。最後までちゃんとやるんだよ。それが練習や」

基本的な考え方が違うのだから、どこまでいっても平行線である。お互いに信念を譲らないところは、このころからプロの選手同士の会話さながらだ。結局、こういう平行線の関係はふたりが卒業するまで続いて、一度も交わることはなかった。


上宮が大阪大会の準決勝を勝ち抜いた日、捕手の塩路厚の父親が四十代前半という若さで亡くなった。長患いをしており、半年間の入院生活を送った直後の急逝だった。

言葉少なに、塩路が言う。

「ショックでしたね」

以前から父親の病状を伝え聞いていた山上は、この大阪大会では塩路は野球に集中できないだろうと判断、一度も先発マスクをかぶらせていなかった。実際、塩路は打撃も代打で2打数ノーヒットと、バットのほうもまったく精彩を欠いている。

山上が言う。

「そういう事情があったので、大阪大会では1年の新出（勝治）にキャッチャーをやらせました。ただ、選手たちは、何とか塩路を甲子園へ連れて行ってやろうと、そういう話をしていたようです。そういう面では、みんなの気持ちがいい方向に出ていたと思う」

大阪大会の決勝でぶつかったのは近大附属高校だった。前年秋の大阪大会、この年の選抜後の大阪大会と、2大会連続で対戦して2連敗しており、すべて宮田が打ち込まれたことが最大の敗因だった。しかも、一番最近の対戦では、3－19と完膚《かんぷ》無きまでにたたきのめされている。

本当に宮田で大丈夫なのか。

誰もが不安視している中、宮田は試合前の投球練習の捕手に、ボーイズリーグのオール松原からバッテリーを組んできた塩路を指名した。前日に父親を亡くしたばかりにもかかわらず、塩路は宮田とチームのために控えとしてベンチ入りしていたのだ。

塩路、おまえのぶんまで頑張るから。そういう気持ちを込めて、宮田は塩路のミットに白球を投げ込んだ。

誰もが宮田に抱いていた不安が的中したのは、八回裏だった。3－0と3点リードして迎えたこの回、宮田が5番・青木繁に同点の3ラン本塁打を打たれたのだ。前年の秋から3試合で4本の本塁打を浴びている天敵に、またしてもやられてしまった。

今度も負けか。とりあえず、宮田が後続を断って同点どまりにしたものの、選手たちの間に重く澱んだ空気が漂い始めた。

直後の九回表、上宮がふたたび反撃する。種田が死球で出塁し、内藤がライト前ヒットでつなぐ。ノーアウト一・二塁として、小野寺がレフトスタンドへ勝ち越しの3ラン本塁打をたたき込んだ。これで6－3。

しかし、まだだ。まだ、安心はできない。

九回裏、宮田は先頭打者にライト前ヒットを打たれた。次打者をセカンドゴロ併殺打に打ち取り、ツーアウト、ランナー無し。

この状況、選抜の決勝とそっくりではないか。しかも、相手は2連敗中の近大附属だ。

予選突破、甲子園出場まで、あとひとり。この状況で、マウンドに内野手と捕手の全員が集まった。もちろん、捕手の新出を除き、みんなが選抜のときと同じメンバーである。

種田が、宮田に聞いた。

「おい、忘れてないやろな。勝負はこっからなんやぞ」

元木も言った。

場を決めたのである。


「本当に大丈夫か」

宮田はにっこり笑ってうなずいた。

「はい、大丈夫です。きょうは泣いてないでしょ？」

「よっしゃ！　おまえに任せた。みんな、甲子園に行くぞ！」

選手たちがダイヤモンドに散り、定位置に入り直す。ベンチでは長年一緒にやってきた塩路が、食い入るような視線を注いでいた。

宮田は、最後の代打の選手をきっちり三振に仕留めた。こうして、上宮は初の夏の甲子園出場を決めたのである。

この決勝戦が行われた日生球場には、主催者の大阪府高野連発表で1万7000人もの観客が詰めかけていた。上宮が優勝したことで、選手の出入り口には大勢の女子高生たちが詰めかけている。これでは、駐車場のバスに辿り着くことができない。

追っかけギャルの目当ては元木だ。元木をチームから隔離して、こっそり別の車で帰らせるしかない。山上から相談を受けた高野連の関係者は、そういう事情ならばやむを得ないと、特別にタクシーを手配してくれた。

山上が言う。

「あの高野連が一選手のために、タクシーを使わせてくれたんです。大阪の高野連がね。非常に珍しいことです。その前もその後も、ぼくはタクシーで帰った選手がいるなんて、聞いたことがない」

そのタクシーに、山上は塩路を同乗させている。前日に父親を亡くしたばかりだったのに、自らベンチ入りして宮田とチームを応援してくれた。宮田が勝ち投手になって、コメントを求めてくる記者もいるかもしれない。まだ精神的に動揺している塩路に、その対応をさせるのは酷だと考えたのだ。

なお、この試合には、ボーイズリーグ時代からの宮田のライバル、近大附属の犬伏稔昌はスタメンから外れている。途中から代打で出場し、一塁を守って2打数1安打だった。犬伏が秘めたる力を発揮するようになるには、新チームに変わるこの年の秋まで待たなければならなかった。

この夏、甲子園の主役は元木だった。

元木と上宮一行の行くところ、日生球場のようにまたもや大勢の女の子のファンが殺到した。しかも、今度はその周りに、テレビ、新聞、雑誌のカメラが大挙して群がる。スポーツ紙は毎日元木の連載記事を組み、テレビ局も行く先々まで追いかけてきた。いわゆる「大介フィーバー」だ。

上宮の試合が行われる日は、いつも女の子たちが朝から甲子園の前で待ち構え、上宮のバスが到着するや否や、どっと押し寄せる。その瞬間、バスが車体ごとグラグラ揺れて、元木もほかの選手も、チームを率いる山上も恐怖すら感じた。

もちろん、追っかけギャルの目当てはここでも元木だ。とにかく元木を無事に球場入りさせなければならない。山上はレギュラーに2列に並ぶように指示し、その周りを補欠の選手全員で固め、バリケードをつくって移動させている。大阪のスポーツ紙にはこんな大見出しが躍った。

——上宮の〝快弾児〟元木にギャル殺到

——ギャルから守り抜け　元木を隔離

こんな状況では、とても春のように南河内郡太子町の合宿所に泊まることなどできない。安全上の配慮から、夏は堺筋本町にある大阪コクサイホテルに宿泊することになった。

元木が言う。

「3人部屋に入れられて、おれは1年の豊、市原と一緒になった。ふたりともおれのジュニアホークスの後輩だったからね。彼らにはよく、おれのマッサージをさせてたよ。豊はレギュラーなんで、そんな雑用までするのは大変だっただろう。でも、それが1年の仕事だし、みんなやってきたことだしね」

同じ1年の捕手・新出は、甲子園の異様な雰囲気と盛り上がりにすっかり呑まれてしまった。長野県丸子実業高校（2007年から長野県丸子修学館高校と改称）と対戦した1回戦、試合は10－3で圧勝したものの、新出は完全に萎縮し、竦《すく》み上がっているようで、3打数無安打とバットもふるわない。

試合の大勢が決していた八回、山上は塩路を代打に送った。塩路が振り返る。

「夏の甲子園で初めて使ってもらったのが、そのときなんですよ。結果はツーベースだった。自然にバットが出た感じかな。それまで焦りとかはなかったです。ぼく、控えに回されたからといって、カーッとするようなタイプでもないんで」

試合後、山上は宮田を呼び寄せた。

「次（2回戦）から、塩路でいくぞ」

「わかりました」

宮田は大きくうなずいた。望むところだ。これでやっと、チームも本来の形になる。

「これ、あげるよ」

1回戦のウイニングボールを、宮田は塩路に手渡した。

西東京の東亜学園高校と対戦した2回戦、塩路は宮田を巧みにリードし、6安打無失点に抑え、1－0完封勝利を演出する。打撃でも二塁打を打ち、2試合連続で長打をマークした。正捕手の復活だ。

そして、滋賀の八幡商業高校と対戦した3回戦、塩路の打棒が爆発する。3打数2安打で、三回には塩路にとって甲子園で初めて、高校通算でも2本目という本塁打をレフトへ運んだ。このときは、鬼のような山上もわが子が打ったかのように喜んでいる。

「塩路、よくやった！　よく打った！　お父さんが見てるぞ！」

山上の手配で、本塁打したボールは塩路に渡された。塩路はそれを、宮田にもらった1回戦のウイニングボールと一緒に父親の遺影に供えた。塩路が振り返る。

「あのボールは、いまでもまだ、実家のどこかにあると思います。さすがに、もう飾ってませんけど、いろんな物を詰めた段ボール箱の中に突っ込んであるんじゃないかな」

試合は15－1で完勝である。いよいよ勢いが止まらなくなったかに見えた上宮は、次の準々決勝で姿を消す。その敗因となる伏線もまた、この八幡商戦にあった。


八幡商戦の終盤、元木は山上の激しい怒りを買った。苦笑しながら、元木が振り返る。

「ああ、走らなかったやつね。おれが悪いんだけど、これも話せば長い話でさ」

問題のプレーは、七回に出た。大量15点を奪って勝負の見えていたこの回、先頭の元木がフルカウントからカーブをバットの先っぽで引っかけると、一塁寄りのインフィールドにフラフラと打球が上がった。

元木が振り返る。

「自分では、どこへフライが上がったのか、見えなかったんだよ。バックネットのほうかと思ったらそっちじゃないし、こっちかなと思って前を見たらピッチャーとファーストが走ってきて、捕れるところに落ちてきてるのに落っことしちゃったんだよな」

インフィールドに落ちた打球はすぐ投手に拾われ、一塁へ送られて記録上はピッチャーゴロとなった。全力疾走していれば内野安打でセーフになった可能性が高いから、元木の怠慢プレーだったことは間違いない。

元木がベンチに帰ってくるや、山上は烈火のごとく怒った。

「馬鹿野郎！　ふざけたプレーしやがって！　それがキャプテンのやることか！　真剣にやらんのやったら代えるぞ！」

「ボールがどこへ飛んだかわからなかったんです。後ろへ行ったかと思って」

この元木の返答がまた、火に油を注いだ。

「馬鹿野郎！　どこへ飛んだかわからなかったら全力で一塁へ走れ！　この間、そういうことを教えたばかりだろうが！」

山上が元木をベンチで激しく叱責している様子は、NHKによって全国に中継された。怒声の大きさも格別で、ネット裏やベンチの上にまではっきり聞き取れるほど響き渡っていたという。無論、大阪のスポーツ各紙にも翌日の1面で大きく報じられた。

山上が言う。

「ええ、あのときは怒りました。本当に怒りました。というのはね、ぼくにもそれなりの理由があったんですよ」

山上は八幡商戦の6日前、高知の土佐高校と東亜学園高校の1回戦をテレビで見ておくようにと、選手たちに指示していた。この試合の勝者と2回戦で対戦するからだが、それとは別に、土佐高校の選手たちの動きを見習わせたかったのだ。

1976年の春以来、13年ぶりに甲子園にやってきた土佐は、かつて53年夏、66年春に準優勝している古豪だった。文武両道を校訓に掲げる進学校ゆえ、このころは野球部の部員集めもままならず、チームは総勢22人、3年は僅かに4人に過ぎない。

そうした小所帯でありながら、監督の籠尾良雄は、土佐の伝統をいまの部員にしっかりと受け継がせていた。即ち、どんなときでも全力疾走、返事は常に元気よく、である。

とりわけ全力疾走は大切だ、と山上は選手たちに言い聞かせた。

「見ろ、あのキビキビした動きを。見ていても気持ちがいいじゃないか。こういうことをやらなきゃダメなんだよ。プロ野球みたいにテレテレテレテレ、テレテレテレテレしてるの、おれは大嫌いなんだ」

それから6日後、全力疾走しないどころかまったく動かないという怠慢プレーを、元木がしでかした。よりによって、みんなに模範を示さなければならないキャプテンが。

山上が言う。

「試合中、代えるぞ、と言ったのは脅しじゃありません。本気で代えようと思ったんですよ、市原に」

帰りのバスの中でも、山上の怒りは一向に収まらなかった。

「勝った気がしない！　こんなに大差だったのに、全然、勝った気がしない！」

怒声をあげて、元木を引っぱたいた。

宿舎のホテルに帰ってからも元木への叱責は続いた。日ごろから元木の態度に腹に据えかねるところでもあったのか、山上は元木を自室に呼びつけ、なお激しい叱責を続けた。あまりにも凄まじい剣幕で、さすがに元木の身が心配になったのか、3年が2年の塩路を呼び寄せた。

「おい、ちょっと、山上先生の部屋の前まで行って、中の様子を聞いてこいよ」

塩路は恐る恐る山上の部屋の前まで行き、ドア越しに聞き耳を立てた。そのときの山上の罵声には、決して大袈裟ではなく、背筋の凍る思いがしたという。

「こっわぁ、と思いましたね。具体的な内容は勘弁してください。お話ししても、とても文字にできるようなレベルのことではないと思いますから」

そう言うからには、いまだに忘れられないほどの恐ろしさだったのだろう。

もう夜だったが、これで終わったわけではない。山上はコーチの田中秀昌を呼び、こう言いつけた。

「元木を天王寺のグラウンドに連れて行って走らせえ！　徹底的に走らせえ！　走らんかったらレギュラー剝奪じゃ！」

「晩飯はどうするんですか」

田中に聞き返されて、山上はなおも大声で怒鳴った。

「メシなんか食わすな！」

元木はその夜、大阪市天王寺区上之宮町の上宮高校のグラウンドに連れて行かれ、延々とダッシュをやらされる羽目になった。田中が見守る中、50メートルダッシュを100本は繰り返したという。

野球部員たちは、山上の厳しさ、恐ろしさに改めて驚かされた。その印象があまりにも強烈だったのか、高校時代のかなりの記憶を失っている宮田も、この夜のことはおぼろげながらも覚えている。

「よう走らされてましたね、元木さん」

もっとも、元木自身は、こう言って笑っている。

「確かに、あのときはボロボロにされたよ。ボロボロだった、ホント。でも、当時の先生は怖かったし、こっちが悪かったらどんなに叱られても文句は言えないし、それが当たり前だと、こっちも思ってた。まあ、怒られたことも含めて、みんないい思い出になってるけどね、いまは」

この2日後に行われた準々決勝は、宮城の仙台育英高校に2－10と惨敗した。

敗因は何よりも宮田の乱調だった。不運な当たりもあったとはいえ、エースが七回までに15安打9失点と火だるまにされては勝ち目はない。山上はここで宮田をあきらめ、控えの高田正典に代えた。春の選抜以降、宮田がマウンドを譲ったのはこれが初めてである。

元木は懲罰のダッシュの疲れを引きずっていたのか、僅か1安打に終わった。それも、0－2と2点リードを奪われたあと、六回にやっと出た1本で、得点につながらなかったのだから何の意味もない。

仙台育英の大越基はこの夏、出場が決まったときから、元木を抑えることに執念を燃やしていた。

春の準々決勝では真っ直ぐをライトポール際にたたき込まれ、痛恨の逆転2ラン本塁打となった。夏の大会前にも「元木くんには真っ直ぐで勝負する」と公言していたのだが、試合前に「やっぱりあらゆる球種を使う」と前言を撤回している。

元木が言う。

「最初は真っ直ぐで勝負してくれるって言うから、ラッキー！　って思ったんだけどね。でも、勝つためには、いろんな球種を使ってくるわな、そりゃ。大越もこっちを倒すために必死だったんだよ。おれたちが打倒・東邦に燃えていたようにさ」

元木の高校生活最後の打席は八回、空振り三振だった。大越がかねて予告していたように、決め球は真っ直ぐではなく、外へ逃げるスライダーだった。

大越は試合後、こうコメントしている。

「元木くんのヒットはやっぱり当たりが違いますね。ただ、春に比べて、夏は調子が悪いように見えました」

実は、と元木は言った。

「腰がもう限界だったんだ。治療しながら、誤魔化し、誤魔化しでやってたけど、あれが精いっぱいだった。痛いから休みたいなんて言える時代でもなかったし」

その上、準々決勝の2日前、山上に夜遅くまでダッシュをさせられたのだから、元木の腰はとっくに悲鳴をあげていたのかもしれない。その上、夏の甲子園が終わってからも、元木はほとんど休むことができなかった。

「夏の大会が終わったあとは、国体（第44回はまなす国体）で優勝したでしょう。全日本のメンバーにも選ばれて、そっちの大会にも出場したんだけど、そのころにはもう、腰も身体もボロボロになってたんだよ、本当は」

結局、甲子園では優勝できなかった。元木自身も、上宮も、全国制覇できるだけの力があると評価されていながら。

しかし、まったく悔いはないという。

「行ってみてわかった。甲子園はやっぱり夏よ。大阪予選はシードがないから、全校が横一線から勝ち上がっていって甲子園を狙う。そこからてっぺんを目指すところが、（高野連に）選ばれていく春とは違うよ。春はおれらの後輩が（1993年に）日本一になったけど、夏に行ったのはおれらしかいないって、いまでも胸を張って言えるもん。上宮はあれから、一度も夏に行ってないから」

89年の夏は、元木たちの世代だけでなく、宮田たちにとっても最後の甲子園となった。

第11章 ぼくを取ってください
エースがプロのスカウトに書いた手紙

１９８９年９月、上宮高校は北海道で行われた第44回はまなす国体に出場し、優勝した。元木大介が記者会見を開き、巨人に入団したいという意思を明らかにしたのは、それから間もない10月２日のことである。

「頭の中はプロ野球でいっぱいなんですが、巨人以外には考えていません。他球団に指名されたら、社会人の日本石油か、アメリカへ野球留学したいと思います」

事実上の逆指名である。小学６年のとき、ひとりで大阪から上京し、親戚に連れられて後楽園球場へ巨人戦を見に行った。そこで、「大きくなったら、ジャイアンツに入れよ」と監督の王貞治に言われて以来、ずっと胸に秘めていた夢を実現させたかったのだ。

しかし、巨人はドラフト1位で慶應大学の内野手・大森剛を指名する。外れ1位でダイエーに指名された元木は入団を拒否し、世間やマスコミの目を逃れ、ハワイで浪人生活を送った。翌90年秋、ようやく巨人にドラフト1位指名を受け、2年越しの悲願を果たす。

巨人入りしてから、元木は再三体力不足を指摘された。新人合同自主トレのランニングではいつも最後尾で、一軍のメンバーに抜擢されたキャンプでも何度も練習中にリタイアしてしまう。

やがて、元木には練習嫌いというレッテルが貼られた。本人も開き直ったのか、いつの間にかそんな悪評を受け入れ、「おれは練習嫌いやから」と自ら吹聴するようになる。

2005年に現役引退するまで、プロ15年間の通算成績は1205試合、打率2割6分2厘、66本塁打、378打点。素質とセンスを十分に生かし切った数字とは言い難い。

巨人に戦力外通告を受けると、大阪でもう一花咲かせろと勧めるオリックス・バファローズ監督の仰木彬の誘いを断り、あっさりとユニフォームを脱いでいる。こんな顚末《てんまつ》も、いかにも練習嫌いで鳴らした元木らしい。

しかし、ここまでの高校時代の練習態度を見る限り、元木は決して根っからの練習嫌いではない。山上の目を盗んではランニングをサボったり、集中力が途切れて怠慢プレーを見せたりすることはあっても、練習そのものを嫌がったり、小野寺在二郎のようにグラウンドに姿を見せなくなったりはしなかった。

練習時間を早めに切り上げて帰ろうとする種田に、最後まで練習しろと説得していたのは元木のほうである。巨人の選手やタレントになってからの元木しか知らないファンは、逆じゃないのか、と思うだろうが。

「ぼくね、練習嫌いっていうキャラは、元木の照れ隠しやと思ってるんです」

内藤はそう言っている。

「高校3年のとき、元木の腰はもう相当悪化してて、しょっちゅう整体やら何やら行ってましたよ。たぶん、あの身体でキャンプから目一杯飛ばしたら、1シーズンもたないと、自分でわかってたんと違うかな。プロはほとんどの球場が足腰に負担のかかる人工芝ですしね。そうかというて、あそこが痛い、ここが具合悪いとか、怪我を押して真面目にやってるんやとか、そんなアピールするのも嫌いなタイプでしょう、元木は」

ひ弱だと見くびられたくない。故障持ちだと思われるのも嫌だ。だったら、やんちゃで生意気で、練習嫌いというキャラこそが自分にふさわしい、と元木は考えたのか。

それを、元木に直接確かめたことはあるのか。そう尋ねると、内藤は首を振った。

「いえ、ぼくが勝手に思ってるだけです」

元木は練習嫌いではない。あれは照れ隠しだ。かつてずっと二遊間を組んでいた内藤の言葉を、元木にぶつけてみた。

「へっへっへっ、へっへっへっ」

元木は笑った。

「おれは練習嫌いなんや」


内藤は上宮を卒業後、明治大学に進んだ。

ただし、内藤自身が望んだわけではない。第1希望は、先輩の光山英明がいる中央大学だった。中央は練習の厳しさもほどほどで、上下関係がうるさくなく、アルバイトも好きなようにできる。上宮では3年間山上にしごかれたから、大学ではのびのび野球を楽しみ、遊べるときは存分に遊べるところへ行きたかったのだ。

東京まで行ってセレクションを受け、光山に食事をおごってもらい、中央は楽だ、自由だ、おまえも来い、一緒にやろうと言われ、すっかりその気になって大阪へ帰ってきた。

そんな内藤に、山上はこう言った。

「おまえは明治へ行け。あとあとのことまで考えたら、明治に行ったほうがいい」

内藤の気持ちはわかる。だが、内藤が大学で野球をやり、社会人でも野球を続けたいのなら、もう4年間、厳しい環境で苦労をするべきだ、と考えたのだ。

そこへ、プロ入りしないか、という打診があった。上宮OBで山上の先輩に当たる一枝修平が、1990年から中日のヘッドコーチを務めることになっており、山上に直接電話をかけてきて、ぜひ内藤がほしい、監督の星野仙一に推薦したいと訴えたのである。

上宮の先輩の話となると、一応、内藤本人に伝えないわけにはいかない。山上は、内藤に聞いた。

「一枝さんが、中日で内藤の面倒を見ようと言ってるぞ。どうする？　行くか」

「いや、急にそんなこと言われても」

希望と異なる明治に決められたあと、今度はプロがあると言われても、いまさら気持ちを切り替えられない。内藤は丁重に断った。

一枝は明大ＯＢでもあったから、すぐにはあきらめきれなかったらしい。

「じゃあ、明治にはおれが話をつけるよ」

「いや、そういうことをされたら困ります」

山上との間にそんな押し問答があり、この話は結局、立ち消えになった。山上が言う。

「明治でよかったと思います。内藤はプロでやっていくには力が足りなかった。それに、人間が好過ぎます。ああいう気持ちの優しい子は、プロの世界は向きませんから」

しかし、明治でセンスと技術を磨き、３年でセカンドのレギュラーをつかむと、内藤はプロへ行きたくてたまらなくなった。

元木と種田はプロへ行った。大学で二遊間を組んでいる鳥越裕介も恐らくプロ入りするだろう。プロへ行けるものなら、おれも行きたい。大した選手にはなれないかもしれないが、挑戦するだけでも挑戦したい。

明治には、レギュラーである程度活躍すれば、プロに売り込んでもらえるルートがあると聞いていた。実際、内藤の1学年上の先輩に古沢淳という外野手がいて、プロ並みの力があるとは到底思えないのに、1992年秋のドラフト6位でヤクルトに入団している。4年後にはあえなく解雇されてしまったが。

それでもいい。クビになっても行けるものなら行きたい。内藤も古沢に倣い、大学関係者を通じてプロの反応をうかがったが、一向に色よい返事は返ってこない。やきもきしている最中、4年秋の六大学リーグ戦でヘッドスライディングした際、右手薬指を骨折し、プロ入りの夢ははかなく消えてしまった。

日本生命への就職を控えていたころ、内藤は明治のグラウンドで東邦高校の監督・阪口慶三に会っている。坂本佳一に次ぐ「バンビ二世」と呼ばれていた東邦のエース、水谷完《たもつ》にセレクションを受けさせに来ていたのだ。

内藤はすぐさま、挨拶に駆けつけた。

「阪口先生、ご無沙汰しております。選抜の決勝では、大変お世話になりました」

「おおっ、あのときの上宮の内藤くんか」

顔をほころばせた阪口は、すぐさま89年春の選抜の決勝、延長十回裏のダブルプレーについて切り出した。

「あのときのゲッツーには参った。あそこでおれは観念した。きみのあのプレーで、おれは負けたと思った。一度は観念したんだよ」

ついきのうの出来事のように振り返って、こう聞いてきた。

「それにしても、なんであのとき、あそこで守っていたんだね」

「はい、それはもう、日ごろからずっと練習してましたんで」

内藤はうれしかった。あのときのポジショニングを敵の監督に、それも名将と言われる東邦の阪口に手放しで賞賛され、これ以上の褒め言葉はない、と思った。


種田は、ドラフト6位で中日に入団した。すでに専修大学のセレクションを受けて進学することが決まっていたが、プロからの指名を受けた途端、俄然意欲が湧いてきたのだ。

「やっぱり、プロ野球選手になるには、ドラフトにかからないとなれませんからね。かかったときにその球団へ行かないと、次はいつかけてもらえるかわからないでしょう」

これから先、すくなくとも4年間、4年間は大学へ進学させたつもりでプロでやらせてほしい、と種田は両親に頼み込んだ。4年間やって一軍に定着できなかったら、そのときは潔くあきらめる。大学に通う期間と同じ4年間だけ、プロで野球をやらせてください、と。

種田を引っ張ったのは、やはり一枝と同じ上宮OBで、山上の後輩に当たるスカウト・中田宗男だった。

この年のドラフトでは、1位から5位まで監督の星野の希望通りの選手を獲得することができた。ちなみに、5位は東邦の山田喜久夫である。だから6位はスカウトの推薦する選手を獲ろうということになり、中田が種田の名前を挙げたのだ。

種田が専修へ行かなくなった以上、山上は専修に対して筋を通しておく必要があった。中日の中田とともに専修まで足を運び、セレクションに合格した種田が入れなくなったことを丁重に詫びた。最初に大学のキャンパスへ行き、次に野球部の合宿所を訪ね、関係者にここまでの経緯を説明し、理解を求めた。

監督の望月教治にこう言われたことが救いだった。

「昨年、ウチにくることになっていたのに、ドラフト外でプロに行ってしまった子がいました。しかし、種田くんは正規のドラフトにかけられたんです。どうぞ、本人の行きたいところへ行かせてやってください」

こうしてプロ入りした種田の通算成績は、中日での12年、横浜での6年、西武での1年、計19年間で1434試合、打率2割6分4厘、71本塁打、401打点。プロで挙げた数字はすべて元木を上回った。


元木たち3年が引退したあと、新チームのキャプテンに就任したのは宮田である。ついに、宮田が中心になってみんなを引っ張ってゆくときが来たかと思われた。

このころ、大阪の高校野球界には、「四天王」と呼ばれる4人の投手がいた。北陽高校の寺前正雄、PL学園高校の入来《いりき》祐作、ボーイズリーグの若江ジャイアンツ時代から宮田のライバルだった近畿大学附属高校の後藤章浩、そして宮田である。のちに後藤を除く3人がプロ入りしたほどの実力者ぞろいだ。

そうした中、宮田はマスコミの取材にこう豪語していた。

「大阪で一番はぼくですよ。ぼくが大阪ナンバーワンのピッチャーです」

しかし、宮田の投球はこのころから、次第にかつての迫力と耀《かがや》きを失ってゆく。秋の大阪大会では犬伏稔昌が4番に座った近大附属高校に優勝をさらわれた。1990年春の選抜にも出場できず、ここで優勝したのも近大附属だった。ちなみに、同校にとってはこれが初の全国制覇である。

犬伏が言う。

「3年になってからは、グッと調子が上がりましたね。2年のころから4番で使ってもらってたんですけど、そのころは周りは3年の先輩方ばっかりでしょ。毎日気ぃ遣いまくりで、迷惑もかけっぱなしで、バッティングはさっぱりやったんですよ」

そんな状態でも4番で使われ続けたのは、ボーイズリーグの若江ジャイアンツから犬伏を引き入れた吉田嗣男が監督だったからだ。プロのスカウトの間でも評価を上げ、この年の秋のドラフトで西武から3位指名を受けることになる。

宮田とのライバル関係は、小学校ではいい勝負、中学校では宮田が勝ち、高校では犬伏が勝った。そう言えるかもしれない。

一方、宮田は精彩を欠く投球が目立つようになっていた。当時のチームメートの間で、語り草になっている試合がある。

大阪府立渋谷高校との練習試合だった。宮田が2桁安打の滅多打ちを食らい、1年の4番に死球をぶつけ、右手尺骨を骨折させてしまったのだ。宮田の内角攻めには定評があり、ときにはぶつかってもかまわないぐらいの投げ方をしていたから、誰もがわざとぶつけたのではないかと疑った。その骨折させられた1年の4番が、のちにプロ入りして名を成したスラッガー・中村紀洋だった。

ただし、宮田はこの練習試合の記憶を完全に失っている。

「それ、ぼくは全然、覚えてないです。ノリ（中村紀洋）のことなら、プロに入ってから球場で何度も会ったし、よく話もしてるからわかるんですけど」

ボーイズリーグのオール松原時代から一貫してそうだったように、宮田は性格的にすぐ熱くなるところがある。いったんカッとなったら、なかなか歯止めが利かない。

89年春の選抜決勝でも、高ぶる感情を抑えきれずに泣き出した。渋谷高校との練習試合でも、つるべ打ちに遭っているうちに感情が高ぶり、中村にぶつけてしまったのではないだろうか。

そんな宮田の性格は、３年でキャプテンになっても相変わらずだった。

試合中にふて腐れた態度を取ることが目立つようになったのは、前年89年の選抜のあとぐらいからだろうか。山上はそのころ、長野の松商学園高校に招かれた練習試合で、宮田が試合中、突然球場から帰ろうとしたことを覚えている。

５－０で上宮が勝っていた試合が、松商に５－６と逆転された。地元の長野の審判たちが松商に勝たせようと、試合中から身びいきの判定を繰り返したせいだ。上宮の攻撃ではセーフがアウトにされ、松商の攻撃になるとアウトでもセーフになる。

宮田が際どいコースに投げるとことごとくボールに取られて、ストライクを入れようとしたら真ん中近くに投げるしかない。それをまた、待ってましたとばかりに松商の選手に痛打されるのだ。

そんな状況が続いているうち、宮田は真面目に投げることをやめ、次第に態度まで投げやりになってきた。こんな試合、もうやっていられるか、打ちたかったら勝手に打て、と言わんばかりだ。

山上は、宮田に言って聞かせた。

「おまえの気持ちはわかるよ。審判にあんなことされたら、おれだって腹が立つ。でもな、きょうは招待試合で来てるんだ。きちんと最後まで投げてこそエースだろう」

宮田はブスッとしたまま、ろくに答えようともしない。鬼のように怖い山上の怒鳴り声も鉄拳も、ふて腐れた宮田の前にはまったく無力だ。始末に負えない。

山上は頭にきた。

「おまえ、いつまでもそんな態度でおるんやったら帰れ！」

すると、宮田はバッグを持ち、ベンチから出て行こうとした。驚いた山上が、慌てて声をかける。

「おい、おまえ、どないして帰るんや。金、持ってんのか」

「持ってません」

「あのな、どないして帰ったらええか、ちゃんとわかってんのか」

何という厄介なやつだ。まるで幼稚園児と同じじゃないか、と山上は思った。

招待試合とはいえ、宮田が自ら試合を放棄しようとしたことは、当時の上宮においてはひとつの事件と言っていい。が、この一件もやはり、宮田本人は覚えていないという。

「そんなこと、あったんですかね。そんなん覚えてんの、山上先生だけやないですか」

そう言って笑う大人の宮田は、山上の記憶の中の宮田とは別人のようにも思えるのだ。

3年春の大阪大会、宮田は桜宮高校との4回戦でサヨナラ負けを喫した。山上はここでとうとう、キャプテンの交代を命じる。

性格的に極端なところのある宮田は、それだけ繊細で神経質な人間なのだ。マウンドで何度も宮田を励ました経験から、種田はこう言っている。

「根本的に、ここ（心臓）が弱い子なんですよ。気持ちが優し過ぎる。マウンドで自分を奮い立たせないと、バッターに向かっていくことができない。よく吠えたりしてたけど、ああいうのも自分を鼓舞するためじゃないかな。それで、何かひとつ崩れると、ガタガタと全部おかしくなっちゃう」

非常に的確な宮田評と言っていい。

そういうタイプの人間には、チームの先頭に立ち、選手みんなを束ねて引っ張ってゆくキャプテンは務まらない。サヨナラ負けした桜宮戦の試合後、キャプテンの座は同じ3年の外野手・西村聖に移された。

宮田が調子を落とし、チームが揺れている中、今度は捕手の塩路厚が試合を放棄しようとする事件を起こした。夏の大阪大会の前、練習試合が行われているときのことだった。

塩路が言う。

「どこの高校が相手やったか、どういう状況やったか、何も覚えてないんですけど、とにかくぼくがミスしたんですよ。そうしたら、山上先生にえっらい怒られて」

頭を下げる塩路に、山上は次から次に怒声を浴びせた。

「何やってんだ！　帰れ！　出て行け！」

塩路はもう、我慢できなくなった。この夏は甲子園へ行けるかどうかわからない。次の大阪大会が終わったら、おれたちも引退や。それなら、いまやめても同じことや。よし、やめたるわい。

スポーツ推薦で入ってきた以上は絶対に音を上げない。生半可な根性で入ってきたやつらとは覚悟が違う。おとなしい性格ながら、そういう強い自負を抱いていた塩路が、引退を間近に控えてキレてしまったのだ。

塩路はユニフォームから学生服に着替えると、ひとりでグラウンドから出て行った。最寄りのバス停まで来たところで、コーチの田中秀昌が追いかけてきた。

「戻れ。ここで帰ったらアカン！」

「もういいんです、ぼくは。こっちにも限界がありますよ」

「言いたいことはわかる。しかし、戻れ。３年間頑張ってやってきたことを、こんなことで終わりにするつもりか」

塩路が言う。

「あんときの田中先生は、すごい熱かった。それで、ぼくも結局、説得されてグラウンドに戻ったんですけどね」

戻っても、当然ただではすまない。山上は塩路に言った。

「草引きやっとけ！」

今度は言い返したりせず、塩路は黙々と草むしりをやった。

元木や種田らがいなくなったこの年の上宮は、いつもどこかギクシャクしていた。そのことは、選手の誰もが感じていたはずだ。

選手同士の仲が悪くても、いざ試合になったら無類の結束力を見せ、一丸となって相手をたきのめすのが上宮だった。元木が言うように選手ひとりひとりの個性が強く、野球を知っていて、プロさながらのレベルの高さを誇っていた。だからこそ、一度も甲子園で優勝していないにもかかわらず、他校に強豪と恐れられたのだ。

いまのチームには、昨年までのそんな迫力は見る影もない。夏の大阪大会は苦しい戦いになりそうだった。

大阪大会の1回戦、長野北高校との試合は15－0で5回コールド勝ちだった。

宮田はほとんど真っ直ぐで押し、四回まで50球で四球1個だけのノーヒットノーランである。山上はそこで宮田に替え、2年の薮田安彦をリリーフに送った。

この試合、新主将の西村が2打数無安打に終わると、山上はこちらにも3打席目で代打を送っている。今後に備えて、少しでも使えそうな選手を見極めておきたい、という意図が見える采配だ。ちなみに、大会直前の練習試合で反抗的な態度を取った塩路はスタメンから外され、

2年の新出が先発マスクをかぶっていた。

2回戦の島上高校戦は打線が23安打で27点を奪い、またもや宮田と藪田の完封リレーで2試合連続の5回コールド勝ち。前年の強さを彷彿とさせる爆発力で、これで波に乗ったかと思われた矢先、3回戦で宮田がすんでのところでノックアウトされそうになる。相手は宮田が1年だった88年夏に大阪大会4回戦でぶつかり、リリーフ登板して打たれ、勝ち越し点を奪われた浪速高校だった。

浪速とは3年連続の対戦で、宮田は1本塁打を含む12安打を浴びた。打線が8点も取ってくれたからよかったものの、終わってみれば8－7と首の皮一枚の1点差勝ちである。山上は試合後、宮田を南河内郡太子町のグラウンドへ連れて行き、100本の50メートルダッシュを命じた。

宮田もこれで気合が入ったのか、4回戦から準決勝までは順調に勝ち進む。犬伏稔昌が4番を打つ近大附属高校は、5回戦で敗退した。涙を呑んだ最大のライバルを尻目に、上宮は準決勝で北陽高校を3－1でくだす。「大阪四天王」のひとり、寺前正雄との投げ合いを制した宮田のひとり舞台だった。

あとひとつ。決勝に勝てば、2年連続で夏の甲子園に行ける。相手は前年の秋、宮田が2桁安打の滅多打ちに遭い、4番・中村紀洋に死球をぶつけて右手尺骨を骨折させた渋谷高校である。

決勝の渋谷戦、初回ツーアウト、ランナー一塁だった。中村の第1打席で、宮田はいきなり日生球場のレフトスタンドに打球を運ばれる。それも最上段の看板を直撃する豪快な一発だった。

上宮が2－2の同点に追いついて迎えた三回、渋谷が1点を勝ち越した直後、また走者をひとり置いた場面で、ふたたび中村に打順が回ってくる。

カウント1ボール2ストライクからの4球目、宮田の投じたスライダーはストライクに見えた。宮田はそう確信し、山上も今度こそは見逃し三振だと思った。が、審判の判定はボール。

マウンドで腰を落とした宮田が、口をへの字にして審判を睨みつけた。

ここまでにも何度か、ストライクと思った球をボールと判定された。宮田はふだんからマウンドでの態度がよいとは言い難く、一部の審判に不評を買っていると噂されていた。また、上宮のような私立の強豪校より、渋谷のような公立に肩入れしている審判も少なくないと言われる。だから、おれはストライクを取ってもらえないのか。

不満を露にした宮田の球が高めに浮く。

すかさず中村が捉えると、打球はバックスクリーンに突き刺さった。2打席連続2ラン・ホームランで4打点である。

3－6と3点をリードされていた四回、ツーアウト、ランナー二塁で中村の第3打席が回ってくる。ここで、山上は宮田に敬遠を指示した。宮田がエースとなって以来、公式戦では初の敬遠だった。

七回、中村の第4打席、先頭打者で走者がいなかったにもかかわらず、宮田はいきなり中村の頭の近くへ投げた。2球目も頭の上にいく。中村が避けた拍子に尻餅をつき、白球が新出のミットを弾いて後ろへ転がった。3球目は胸元で、中村が大きく後ろへのけぞる。そして、4球目もまた頭の上を通過し、中村がしゃがんで避け、また新出が捕り損ねた。

九回、最後は四回から投手として登板していた中村が締めてゲームセットである。上宮が2年連続出場がかかっていた夏の甲子園を逃すとともに、宮田の最後の夏も終わった。

「最後の試合は、宮田が可哀相でした。ストライクやのに、ボール、ボールと審判に言われてね。本当は、2本目のホームランが出る前に、中村を三振に打ち取ってるんですよ」

そう言う山上は、試合終了直後、ベンチの中で宮田が見せた横顔が忘れられない。

宮田はグラウンドに背を向けたまま、口をつぐんでじっと立ち尽くしていた。険しい目つきで何を見つめていたのかはわからない。恐らく、目の前の人や物などではなくて、腹の底で煮えたぎる怒りと悔しさをぶつけたい何かだったろう。

そんな宮田からコメントを取ろうと、新聞記者がベンチに入ってきて取り囲む。山上が取材を受けるよう促したが、宮田はまったく口を開こうとしない。粘って質問を繰り返す記者たちに苛立ちを覚えたのか、1年の筒井壮が大声でわめいた。

「おまえら、向こうのベンチへ行けよ！」

すかさず、山上が叱りつけた。

「こらっ、そんなこと言うもんじゃない！」

そうした騒ぎさえ目や耳に入らないのか、宮田はしばらくの間、何も言わずにベンチの中に突っ立っていた。

宮田自身は、この試合のことは何も覚えていない。実家には親が保存しているビデオがあり、何度も繰り返し見たのだが、まったく記憶が蘇ってこなかった。

ただ、当時の自分の心境はわかるという。とくに中村の第4打席、頭や胸元にいくのではないかと予想していたら案の定で、ああ、いった、いった、と思いながらビデオを見ていたそうだ。

「あのピッチングはもう、誤魔化しですね。ノリひとりにいいようにやられて、あの打席では投げるところがない。それで悔しまぎれにあんなピッチングをしてるんですよ」

ビデオには、審判の判定に苛立ち、思わずマウンドを蹴った場面も映っていた。

「1球だけ、ボールと言われて頭に来て、土を蹴ってましたね。でも、負けたんは、審判は関係ないですよ。ぼくが油断したのがいけないんです」

一方、渋谷ベンチでは、練習試合で宮田に右手尺骨を骨折させられた件について質問を浴びせられた中村が、すこしはにかみながらこう答えていた。

「あのときのお返しですよ」

こうして最後の夏が終わったあと、山上のもとへ宮田がほしいというたっての申し込みがあった。社会人の日本石油である。

願ってもない話だ、と山上は思った。

宮田がプロ志望であることは知っている。しかし、彼の小さな身体とあの程度の球威ではとてもプロでは通用しないだろう。実際、ドラフトで指名する球団もなかった。

山上自身、かつて川崎市にある日石のグラウンドや合宿所を訪ねたこともあった。野球を続けるには申し分のない環境で、しっかりした会社だから、引退してからも一生面倒を見てもらえるはずだ。

宮田は恵まれていた、と山上が振り返る。

「会長さんか社長さんが宮田に惚れ込んで、ぜひ来てくれというお話だったんです。それも、本社の広報担当、野球部のマネージャーがわざわざ上宮まで足を運んできてね」

日石のマネージャーは西本勝彦という人物である。北陽の捕手兼キャプテンとして81年夏の甲子園に出場、法政大学で選手からマネージャーに転身する。その才覚と人柄を買われて、マネージャーとして日石に入社した。その西本が上宮までやってきて直々に宮田を口説いたのだから、獲得に本腰を入れていたことがよくわかる。

最初は、宮田も了解した。

「わかりました。日石さんに行きます」

宮田がはっきりとそう返事したのを、その場で山上も西本も聞いている。ところが、二度目の面談で日石側が具体的な話をしようとすると、宮田の言うことが変わった。

「すみませんが、やっぱり行きません」

山上は慌てた。

「ちょっと待て。おまえ、自分が何を言ってるのか、わかってるのか。おまえがこの間、行きますと言ったから、日石さんにまた来てもらってるんじゃないか」

すると、宮田は黙り込んでしまった。山上が何を言っても口を利こうとしない。大阪大会の決勝で渋谷に負けたときと同じだ。宮田がいったん貝になったら、山上でもその口をこじ開けることはできない。

いったい、どういうことなのか。

山上が首を捻っていると、ダイエーのスカウト部長・伊藤四郎から突然電話がかかってきた。伊藤はもともと、中日の前身・名古屋ドラゴンズ、高橋ユニオンズなどで活躍したプロ野球選手で、現役を引退したダイエーの前身・南海でスカウトに転じる。山上とは、南海時代からの旧知の間柄だった。

その伊藤が、山上にこう言ったのだ。

「実は、宮田くんから手紙をもらいました」

「手紙？　何の手紙ですか」

「ええ、自分を入団させてほしいと」

驚いた山上のもとに、伊藤は手紙のコピーを手にやってきた。


——ぼくを取ってください。


そういう趣旨の文章が、2行だけ書かれている。お世辞にも上手とは言えない文字は、確かに3年間見慣れた宮田の筆跡だった。

宛先は伊藤個人ではなく、球団宛になっていた。ということは、宮田はダイエーの誰かと密約を交わしていたわけではない。むしろ球団の誰に話を持ちかけたらいいかもわからないいま、ただ闇雲に自分を入団させてくれと手紙で訴えたのだ。これは売り込みですらない。あえて言うなら、嘆願だ。プロに憧れを抱いた一高校球児の嘆願である。

これほど向こう見ずなやり方でプロ入りしようとした選手が、ほかにあるだろうか。子供っぽいと言えばあまりに子供っぽいが、純粋と言えばこれ以上ないほど純粋だった。

山上は怒る気がしなかった。怒る以前に、あきれてしまった。

天下の日石に二度も足を運ばせながら約束を反古にし、自分に内緒でダイエーに獲得を打診していたことには確かに腹が立つ。日石に申し訳ないし、自分の立場もない。

しかし、プロに行きたい、夢を叶えたいと願った宮田の真情も痛いほど伝わってくる。あんな手紙を書いてでも、宮田はプロに行きたかったのだ。山上が見た拙《つたな》い2行の文字には、痛切なまでの宮田の願い、夢を実現させたいという一縷《いちる》の望みが詰まっていた。

伊藤は山上に言った。

「ダイエーとしては、ドラフト外で宮田くんに来てもらおうと思ってるんですよ」

ダイエーは前年89年に南海から球団を買収し、本拠地を難波の大阪球場から福岡の平和台球場に移転したばかりだった。参入2年目の新球団にとっては、甲子園の準優勝投手は人気獲得や話題づくりに持ってこいの存在でもあった。

「行かせてやればいいじゃないですか。宮田がそんなに行きたがってるんだったら」

あえてそう進言したのは、前年に中日入りしていた種田である。自分が言えた義理ではないかもしれないが、宮田の気持ちなら理解できる。できることなら宮田の望みを叶えてやってほしい、というのだ。

山上は、伊藤に聞いた。

「契約金はいくらですか」

「ドラフト外の新人には、契約金は出せないことになっています」

それはないだろう、と山上は思った。

「伊藤さん、ぼくとあなたの仲じゃないですか。少しでもいいから、お金を出してやってくださいよ。宮田が福岡から大阪まで里帰りしようと思ったら、新幹線の運賃がかかる。ダイエーの寮に入るんなら、テレビや冷蔵庫も買わなきゃいかん」

「いや、それぐらいだったら、ウチには全部そろってますから」

「それはそうかもしれませんけど、せっかくプロに入るんなら形だけでも契約金を出してやってください。少しでもいいんだから」

結局、300万円から400万円ぐらいの契約金を払うことになったと、山上は伊藤に聞かされた。

ダイエーの宮田獲得を、日刊スポーツ大阪版は12月8日付の1面で大きく報じた。この反響が大きかったからかどうか、正式に契約を結んだあと、契約金は1800万円だったと伝えられている。

このダイエー入団の経緯についても、宮田はすべてを記憶しているわけではない。それでも、ある程度の事情は覚えている。

「最初は社会人の、日石ですか、内定してたのを、ぼくが無理を言ったんですよね。プロで野球をやりたいというのは、ずっと昔からあったんで」

ただし、ダイエーに手紙を書いたのは自分ひとりの独断ではなく、親と相談した上でのことだった。

「自分の気持ちもありましたけど、やっぱり親と話して決めたと思うんですよ。親としても、ぼくがプロでプレーする姿を見たかったようなんで、それやったら高校卒業してすぐに行ったほうがええかなあ、と考えたんですね。親にはっきりそう言われたというより、顔や仕草を見てて、ぼくがプロでプレーする姿を見たいんやな、そうしたら喜ぶやろうなあ、と感じただけなんですが」

恐らく、親はぜひプロに行けとは勧めなかった。しかし、わが子が小さいころからの夢を叶えたいなら、後押ししたい。プロで活躍はしないまでも、実際に球場で投げるところを見られれば、親としては幸せだ。

「それで、ドラフト外でもプロに取ってもらえるんやったらプロに行こうと、最後はぼく自身が決めて、手紙を書いたということやと思うんですが」

それにしても、なぜダイエーだったのか。

「ダイエーっていうか、ホークスはもともと南海なんで、ずっと大阪にありましたから、学校の先生にも話をしてくれる人がいるんやないかと思ったんですね。ぼくが取ってくれと頼んだら、学校との間でも話がうまくいく可能性が高いやろうと、そういう地元の球団みたいな意識やったんでしょうね」

ちなみに、ドラフト外はこの90年を最後に撤廃されている。制度の抜け道、つまり事実上のドラフト破りに利用されているケースが少なくなかったためだ。

つまり、宮田がドラフト外でプロ入りするには、90年が最後のチャンスだった。宮田が日石に入社して、社会人で実績を積んでからプロに行こうと考えていたら、果たして実現したかどうかわからない。

結果として、宮田は人生でたった一度きりのチャンスをものにしたのだ。そんな宮田のわがままを容認し、陰ながら援助した山上は間違いなく、宮田の最大の恩師だった。

晴れてダイエー入りが決まったあと、宮田の父親は玉子を100個抱えて、山上の家にやってきた。息子が世話になったことへの礼である。父親の仕事が玉子の卸売業だということを、山上はこのとき初めて知った。

しかし、宮田は結局、一軍では一度も投げられなかった。

唯一、開幕一軍のメンバーに入る可能性があったのは、福岡ドームが開業した1993年だった。このときは、一軍より早く始まる二軍のウエスタン・リーグの開幕投手に決まっていた田畑一也が、平和台で練習中に怪我をした。おかげで宮田が代わりに投げることになり、開幕前に二軍落ちさせられる。その後、宮田に一軍から声がかかることは二度となかった。

のちにヤクルトや巨人に移籍して活躍する田畑は、91年秋にダイエーのテストを受けて約200人の受験者のなかでひとりだけ合格し、ドラフト10位で入団した苦労人である。まったくの偶然だが、93年の怪我は打球に頭を直撃されたことによるものだった。

宮田は95年、戦力外通告を受ける。二軍での通算成績は、ウエスタン・リーグ68試合、9勝8敗4セーブ、防御率3・84だった。

96年から打撃投手に転身し、99年に打球に後頭部を直撃される事故に遭う。その後遺症で、上宮時代までの多くの記憶を失った。

そして、その年の秋、ふたたび打撃投手に復帰した。

終章

たった一度きりの対決、ダイエー・宮田対巨人・元木

1992年10月17日、黒潮リーグ

1999年の夏、宮田正直は福岡市の雁の巣球場に戻ってきた。東区奈多の福岡市雁の巣レクリエーションセンターの中で、当時ダイエーの二軍が本拠地としていた球場である。

ここで二軍の裏方のスタッフを相手にキャッチボールをやって、徐々に感覚を取り戻すことから、宮田の現場復帰は始まった。二軍の若手の打撃練習に投げられるようになったのが9月ごろだった。

最初はどうしても、恐怖心が先に立った。L字型の防御ネット越しに投げながら、また打球がぶつかるのではないかと思い、投げたあとでついしゃがみ込んでしまうのだ。

「投げるよりも逃げるが先、みたいな投げ方になるんですよね。1球投げては、ネットの内側

に身を隠す、みたいな」

それも当然だろう。横浜大洋ホエールズの竹田光訓のように、打球を頭部に受けたため、打撃投手から広報担当に転身した人間もいるのだ。むしろあれほどの事故に遭い、あれほどの大怪我を負いながら、もう一度打撃投手をやりたいと考えたこと自体が大変な冒険である。

しかし、宮田は言う。

「でも、ぼくはずっと野球しかやってないんで、これしか仕事がありませんから。そんなに頭もよくないし、怪我がある程度治ったら何をすればいいかと言ったら、やっぱりバッティングピッチャーしかなかったんですよ。バッピーをやめたら、野球をやめないといけなくなる。それは嫌だったんです」

そして、こう付け加えた。

「ぼくは野球が好きです。野球を愛してる。だから、やめたくなかった」

そういう強い意志を示した宮田と、球団は2000年も打撃投手として契約を結んだ。裏方の仲間や選手たちも、宮田が一日も早くふつうに打撃投手の仕事ができるようにと、有形無形の援助をしてくれるようになる。

このころ中日にいた種田仁は、宮田とグラウンドで再会している。ちょうど、しばらく続いた打撃不振から脱するべく、「ガニマタ打法」にフォームを変えたばかりのころだ。

どこの球場だったかは覚えていない。頭に大怪我をしていたことは人伝《ひとづて》に聞いていたので、宮田を見かけると自分から声をかけた。久しぶりに会った宮田の様子に、正直、ショックを受けた、と種田は言う。

「しゃべってもボーッとしていて、何て言ったらいいか、まだほんの子供みたいな感じだったんですよ。現場に戻ってこられてもまだこのぐらいだということは、最初のころはかなり厳しい状態だったんだろうな、と思いました」

そんな宮田に、こう声をかけたダイエーの主力選手がいた。

「おれの担当になれよ。おれが打つときは、必ずおまえを指名するから。どうだ？」

小久保裕紀である。

小久保はちょうど、自分の担当だった打撃投手がやめたばかりで、後釜を探していた。チームでも一番の練習の虫として知られる小久保は、よくひとりで打ち込みをする。年齢が自分よりも1歳年下の宮田なら、小久保としても声をかけやすい。だから、自分の専属になれ、というのだ。

しかし、それは表向きの理由だと、宮田は思っている。早く自分がまともな打撃投手に戻れるよう、小久保のほうがリハビリの相手を買って出てくれたに違いない。

「ぼくの球は昔からひねくれてるんで、すぐシュートしたり、ボール、ボールと続いたりするんです。後ろ（テークバック）が小さくて、前でピュッと投げるタイプやから、バッターにしたらすぐ差し込まれて、タイミングも合わせづらい。小久保さんにとってはかえって練習にならんバッピーやったんですよ。そんなぼくの球を、いつも何でもないように打ち返してくれましたから」

宮田が恐縮していると感じたのか、小久保が打撃練習のあと、右手の手袋を取って宮田に見せてくれたことがある。とくにシュート回転するボールが多く、何度も小久保を詰まらせてしまったその日、小久保の手のひらは真っ赤に腫れ上がっていた。

「練習からこんだけ打ちにくいおまえの球を打ってるんや。ゲームでも絶対打てるわ」

小久保は、そう言ってにやりと笑った。

もっとしっかりとストライクを投げなければいけない。もっと回転のいい球を投げて、小久保のような主力選手に気持ちよく打ってもらおう。そして、選手が試合でもヒットやホームランを打ち、チームが勝てば、自分も少しは貢献したことになる。

宮田は投げた。いくら投げても、打球への恐怖心は消えない。打球だけでなく、目の前を虫がよぎっただけでものけぞってよける。夜中、コトンと小さな物音がしただけで、どんなに深い眠りに落ちていてもたちまち目が覚めてしまう。そういう後遺症は、恐らく、一生消えることはないだろう。それでも、体調が回復するにつれて、打撃投手としての球数も増えていった。

現場に復帰してからちょうど1年後の2000年10月13日、藤井将雄が亡くなった。31歳という若さだった。1999年の夏ごろに肺がんにかかっていたことが発覚し、その年のシーズンオフ、優勝パレードの直後に入院していたのだ。

宮田が福岡記念病院に入院していた99年の春、藤井は足繁く見舞いに訪ねてきた。ほんの5分ぐらいしか時間のないときでも、病室に顔を出しては「頑張れよ」と声をかける。夏にはしょっちゅう咳《せ》き込むようになって、自分の体調もかなり悪かったはずだが、いつも宮田のことを心配し、何度も食事に誘ってくれたものだ。

藤井の墓は、故郷の佐賀県唐津市にある。宮田は2000年から毎年、球団との契約を更新すると、墓前への報告を欠かさない。

「今年もまた、ホークスに契約していただきました。来年もスタッフのひとりとして優勝に貢献できるよう、頑張ります。どうか、見守っていてください」

この墓参りは、自分がホークスから離れても、プロ野球とは別の世界で仕事をするようになっても、生涯続けたい。宮田はそう胸に誓っている。

二軍の環境に慣れ、ある程度は打撃投手が務まるようになると、宮田はいよいよ一軍のスタッフとして引き上げられた。

ホークスの一軍打撃投手が投げる球数は、一日に少なくとも100球以上。主力を担当する場合は一日に20分、１３０球から１４０球に達する。それぐらいが練習用の球の質、つまり打つのにいい回転を維持できる球数とされている。

宮田にもようやくそれだけの仕事ができるようになった03年のシーズン終了後、小久保は突然、巨人へトレードされた。当時の球団幹部との間に修復しがたい確執が生じ、オーナーの中内正が巨人へ無償で譲渡したのだ。

巨人入りする翌04年のキャンプ前、小久保はハワイで自主トレを行った。前年の03年、西武戦でのクロスプレーにより、右膝の靱帯断裂、半月板損傷などの重傷を負ったため、例年よりも暖かいところで身体をつくる必要があった。小久保は、このハワイ自主トレに宮田を連れて行った。

「おれの練習を手伝ってくれ。頼むぞ」

そう言われて意気に感じ、小久保とハワイに渡ったのだが、実際に行ってみると、練習の手伝いはほかのスタッフがやることが多かった。宮田の仕事は、もっぱら小久保の子供の遊び相手だった。

苦笑いしながら、宮田が言う。

「そやからやっぱり、バッピーとしてはあんまり小久保さんの役に立ってへんかったのかなあ、と思いましたけどね」

その小久保に、こう聞かれたことがある。

「宮田、高校時代の練習試合で、おれにぶつけたの、覚えてるか」

小久保は和歌山の星林高校で、上宮高校とは時折、練習試合をしていた。その試合で小久保が宮田からヒットを打つと、次の打席で死球をぶつけられた、というのだ。

「あれは絶対にわざとや。前の打席で、おれに打たれたもんやから頭にきたんやろ。それも覚えてないんか」

「すみません。まったく、覚えてません」

小久保は苦笑するしかなかった。

そんな高校時代の記憶が抜け落ちるとともに、宮田の性格も変わった。現役時代に強気の投球で鳴らした投手らしく、怪我をする前はどこか攻撃的で尖った部分があったのに、いまではすっかり人間が丸くなったと、周囲のホークス関係者の間では評判だ。

脳の優位半球が損傷を受けた場合、記憶や認知能力だけでなく、性格にも影響が出ることは少なくない。穏やかでおとなしくなる一方、著しく情緒不安定になって、突然怒り出したり、泣き出したりするというパターンも少なくない。

ただし、塩路の証言にもあったように、ふだんの宮田は高校時代から物静かで、神経の細いところがあった。だからか、性格の変化に関しては、宮田自身はまったく実感がないという。

「どうですかねえ。そんなん、自分ではよくわかりませんね」

そう言って、曖昧にうなずくだけだ。

宮田が一軍の打撃投手として定着し、そろそろ中堅の域に達した２００４年、内藤秀之が引退した。33歳だった。

日本生命は社会人の名門だけあってレベルが高く、27歳になった5年目以降、スタメンで出場する機会が減った。それからの5年、内藤はもっぱらチームの応援や後輩の指導に回る。そして、ちょうど10年が過ぎたころ、区切りをつけるならこのへんだ、と考えた。

翌05年11月2日、最初に野球を教えてくれた父・秀男が他界した。原因は肝臓がんで、68歳だった。奇しくも、内藤が父と何度も足を運んだ近鉄の本拠地・藤井寺球場が、77年目にして閉鎖された年でもある。

かつて、藤井寺のスタンドを賑わせた「牛のおっちゃん」は、亡くなってからもなお、近鉄ファンに愛され続けた。翌06年3月には秀男を知るファンの有志により、大阪市営地下鉄御堂筋線・北花田駅近くの倉庫で、「牛のおっちゃん」応援グッズ展示会が開かれた。さらに11年には、秀男が経営していた居酒屋〈清水屋〉の近くの中華料理屋で七回忌も営まれている。

内藤が近鉄沿線で営業回りをしていると、たまに「牛のおっちゃん」だった父の秀男を知っている人に会う。地元ではまだ元木大介と二遊間を組んでいた「上宮の内藤」を覚えている人も少なくない。

その元木は、内藤が引退してから1年後、父・秀男が亡くなった05年、巨人で引退している。34歳になる3ヵ月ほど前だった。

　持病の腰痛をはじめ、様々な怪我に悩まされていた上、当時監督をしていた堀内恒夫とも衝突したことが災いした。その堀内は04年にダイエーから加入した小久保に惚れ込んで、自らキャプテン就任を要請している。サードでポジションがかぶる元木が、割を食って弾き出された一面もあった。


　08年、宮田は13年間続けた打撃投手から、専任のスコアラーに配置転換となった。

　まだ投げようと思えば投げられたかもしれない。だが、昔の宮田と同様、毎年のように若い投手が戦力外通告を受け、打撃投手へと転身している。宮田も後進に職を譲り、10年以上、先輩を手伝いながら続けてきた勉強の成果を生かすときがきたのだ。

　ちょうどその年、山上は高校野球の監督を勇退した。最後の職場は上宮高校の兄弟校・上宮太子高校である。60歳だった。

　上宮の野球部監督は1991年7月に辞任している。スポーツ推薦で入学してきた水泳部員に対し、ほかの体育教師と一緒に体罰を加えたことが原因とされた。さらに、後任の監督にコーチの田中秀昌が就任し、翌92年の第64回選抜大会への出場が決まりかけていた矢先、この水泳部員と両親が山上たちを傷害罪で告訴し、マスコミにも大きく報じられたことから、上宮は選抜への推薦も辞退せざるを得なくなった。ここまでの顚末は、現在もインターネット上のウィキペディアに記されている。

しかし、現実には、山上は水泳部員に暴力を振るってはいない。体罰を加えたのは一緒だったテニス部の監督であり、部員と彼の親は、その場に居合わせた山上も同罪だとして訴えたのだ。裁判はその後、和解が成立したが、いったん辞任に追い込まれた山上が野球部監督に復帰することはなかった。

山上の後釜となった田中は93年春の選抜で、初の全国制覇を果たしている。この初優勝のメンバーには、山上が自らスカウトしてきた選手たちが多くいた。

97年に上宮太子に移った山上は、99年から創部2年目の野球部監督に就任、2000年春、01年夏と、甲子園初出場に導いている。

が、いずれも初戦敗退で、悲願の優勝旗にはついに手が届かなかった。

心残りはないのだろうか。

「ありますね、それは。でも、もう、言っても仕方のないことですから」

23歳で上宮野球部の監督に就任して以来、野球一筋だった。朝早くから家を出て、夜は遅くまで帰れない。正月も元日から家を飛び出し、部員たちを集めては鍛え抜く。家庭はまったく顧みなかった。

山上には一男一女があり、まだ下の娘が赤ん坊だったころのことだ。妻が風呂に入っている最中、その娘が泣き始めた。慌てて山上が抱っこしてやると、娘が下から山上の顔に手を伸ばしてくる。その小さな手が山上の髭《ひげ》に触れた途端、娘は余計、火が点いたように激しく泣き始めた。

これではいけないと思い、山上は次の日も娘を抱っこしてやった。だが、なかなかすぐにはなつかず、しばらくはじっと山上の顔を凝視していた。

「あの娘の目はいまでも忘れられませんよ。もう嫁に行きましたけど」

そう言う山上は、ゴルフや庭いじりなどでセカンドライフを楽しむ傍ら、保護司をしている。少年院や少年刑務所を出て働いている少年に毎月2回面談し、報告書を書いて提出するのだ。野球はやめても、人生の指導者としてはまだ現役である。

野球部員に口を出せば手も出し、家庭などほったらかしだったのは阪口慶三も同様だ。こちらは2004年に東邦高校から大垣日本大学高校へ移籍し、古稀を過ぎたいまなお現役の野球部監督として指導を続けている。

いつまでグラウンドに立ち続けるつもりなのか。率直に聞くと、阪口はこう答えた。

「そうですね。負けて涙が出なくなったら、辞めにゃいかん。しかし、この間、東海大会の3度目の優勝を逃したとき、監督室で涙が枯れるまで泣きましたから。それだけ泣いて、すぐにその日から練習を始めたんです」

そう言って、笑みを浮かべた。凄味のある笑みだった。

「ただ、いくら自分がやりたくても、学校が置いてくれなくなるかもわかりません。もう必要ないよと言われれば、当然辞めなくちゃいかん。勤め人ですからね」

大垣日大ではもはや東邦時代のように鉄拳を振るうわけにはいかない。この時代の変化については、こう考えている。

「肝心なのは手を出す、出さないではなく、指導者が本心を教えることですよ。それは、いまの子供にも必ず伝わります。いまの練習にも、昔と同じピーンと張り詰めた緊張感があるんです。一度、見に来てください」


そんな阪口にどやされ、殴られて甲子園で優勝投手となった山田喜久夫も、人の子の父となり、野球を教える側に回っている。

山田は2012年にプロ野球界から離れて〈クラブウィニングフィールド〉というNPO法人を創立、〈侍〜明倫野球チーム〜〉という小学生のための野球塾を始めた。自分が父親の方針で中学校までは軟式をやっていたことから、軟球しか使わせていない。15年の時点で、中学2年、中学1年、小学5年と、3人の息子にやらせているのも軟式だ。

「結構あるんですよ、小学生で硬式やりたがってるんでやらせたら、すぐに肩を壊しちゃって、中学に上がったらバスケ部に行っちゃったっていうケースがね。鉄棒の懸垂が1回もできないような子に硬球を握らせるから、そんなことになるんだよ。だから、中学までは軟球でいいの」

そう語る山田は、単に野球を教えるだけにとどまらず、野球を通しての健全な人間育成を理念に掲げている。現に、野球塾でも家庭に問題のある子供たちを優先的にあずかっている。児童自立支援施設〈愛知学園〉でもコーチを務めており、将来はもっと規模の大きな青少年の更生活動を行っていくつもりだ。

高木幸雄はとび・土工工事の会社〈鷹建〉を営む傍ら、週末の土日に少年野球のコーチをしている。愛知県瀬戸市にある瀬戸リトルシニアというチームだ。

自分は東邦を卒業後、愛知学院大学、西濃運輸で野球を続けて、社会人1年目に第65回都市対抗野球大会で準優勝したのを機に引退を決意した。まだ23歳でやめたのはいかにももったいないが、高木本人はもう限界だったという。

「肩、肘がダメになっていたところへ、腰を壊したんです。高校のときから死ぬほど練習したおかげで、もうボロボロだった。高校、大学、社会人と、すべて全国大会を経験したから、そこで、もういいです、納得ですよ、という感じでした」

15年の暮れ、病院で検査を受けたところ、まだ高校時代の古傷が残っていることがわかった。阪口のノックを受けて歯が折れた口の周辺、皮膚の内側に、相当量の膿が溜まったままになっていたのだ。これを除去するには外科手術を受けるほかないという。

高校時代にこれだけ肉体を痛めつけたことを、疑問に思う人もいるだろう。だが、身体が壊れるほどの練習や指導を悪とする考え方がある一方、身体が壊れるまで完全燃焼したから納得できると笑って言える髙木のような生き方もあるのだ。

家庭では、女、男、女の順で3人の子宝に恵まれた。真ん中の長男は野球をしており、16年から北海道の強豪・駒澤大学附属苫小牧高校に通っている。入学前には髙木自ら駒苫を訪ね、監督の佐々木孝介にもあった。父親として将来を楽しみにしながら、遠く離れた息子の身を案じている。

ちなみに、妻は東邦高校の同級生だと打ち明け、悪戯っぽく笑った。

「先生に内緒でつきあってたんです。喜久夫はずっと先生の家に缶詰めだったけど、ぼくは自宅から通ってましたからね」

宮田とバッテリーを組んでいた塩路厚は、いまでも大阪府松原市に住んでいる。上宮を卒業したあと、関西大学、河合楽器で続けた野球は26歳でやめた。

最後の試合は1998年、第69回都市対抗1回戦の東芝戦だった。1-3と2点リードされていた七回、代打で高橋尚成《ひさのり》と対戦し、センター前へタイムリーヒット。これで2-3と1点差に追い上げたまではよかったが、その直後に尚成の牽制に引っかかってアウトとなった。試合も2-4で敗退である。

塩路が言う。

「そのとき、もういいや、もうやめよう、と思ったんです。友だちはみんなバリバリ仕事をやっていて、おれもそろそろ真面目にやんなきゃヤバイというのもあった。でも、一番の理由はやっぱり、そろそろ大阪へ帰りたかったということですね」

河合楽器の本社と野球部は静岡県浜松市にある。野球部の選手として入社したら浜松で暮らさなければならないものの、引退すれば地元へ帰らせてくれる。塩路の場合、大阪の事業所か関連会社に異動させることも可能だと言われた。入社の際にそういう条件を示されて、それならと河合楽器を選んだのだ。

塩路は高校2年の夏に父親を亡くし、その後は母親に女手ひとつで育てられた。母親が若かったことから、周囲には再婚を勧める声もあったようだが、ひとりで働いて大学まで行かせてくれている。だから、将来は大阪に帰って母親の面倒を見てやりたかった。

こうして松原に帰った塩路は、カワイビジネスソフトウエアという会社の社員になる。結婚して家庭を持ち、ふたりの男の子が生まれた。塩路が勧めたわけではないにもかかわらず、大きくなるとやはりふたりとも野球に興味を示すようになる。

松原で野球をやるのなら、地元のボーイズリーグに入れるのが一番いい。こうして塩路の長男はオール松原から松原ボーイズと名称が変わったチームに入団、塩路自身もコーチとして復帰を果たした。

宮田とは2014年、偶然再会した。後輩の市原圭が働いている居酒屋で塩路が上宮の同級生と飲んでいると、そこへ宮田がソフトバンクの関係者と連れ立って現れた。京セラドーム大阪で試合が終わったばかりで、市原の店で腹ごしらえするつもりだったのだ。

ふたりが再会したのは約20年ぶりである。最初はうれしかった。宮田もさすがに塩路のことは忘れていなかった。が、塩路と一緒にいた同級生の何人かには、宮田は何の反応も示さなかった。

塩路が言う。

「宮田の遭った事故のことも、記憶をなくしてるという話も、人伝に聞いてはいたんですよ。で、実際に会ってみて、ああ、やっぱりこんな感じなんか、と思いました。そうだとわかると、うっかり昔話もできない。何か、寂しいと言うか、妙な感じでした」

「でも、よくここまで回復したと思います。あんなひどい状態だった宮田が、取材を受けられるまでになったんだから。おれ、宮田がインタビューに応じてると聞いて、びっくりしたもん。すごいことですよ」

そう言うのは種田である。

「たぶん、あれだけの怪我をしたあと、バッピーをやってたのがよかったんでしょうね。仕事がデスクワークになって、グラウンドで人と接しなくなっちゃうと、まともにしゃべれるようになるにも、もっと時間がかかったんじゃないかな。そういう意味では、ホークスの球団としての判断やケアが正しかったんでしょう」

元木はこう言っている。

「宮田にはもっといろんなことを思い出してほしいよね。あいつがすごく輝いていたころのことをさ。あいつが投げて、おれらが活躍して、甲子園で一番光ってた時代を」

そう言えばと、その元木がインタビューの最中、不意に思い出した逸話がひとつ。元木が巨人、宮田がダイエーに入団してから2年後、かつて先輩後輩だったふたりは、お互いプロの選手として1打席だけ対戦したことがあったというのだ。

「公式戦じゃなくて、黒潮リーグの試合なんだけどね」

黒潮リーグとは1991年から95年まで、二軍のレギュラーシーズン終了後の秋、高知県各地の球場で開催されていた教育リーグのことである。元木と宮田の対決が実現したのは、92年10月17日、高知市東部総合運動場野球場で行われた試合だった。

当日は土曜で、デーゲームとして行われた日本シリーズ第1戦に、地元高知出身のヤクルト・岡林洋一が先発している。同じ時間帯に行われる二軍の試合を見るため、高知市の中心部から出外れた田園地帯の球場まで足を運んだファンは多くはなかった。

非公式試合なので正式な記録は残されず、選手の通算成績にも加算されない。しかも、七回までで打ちきりとなるダブルヘッダーという変則ルールによる試合だった。そのうちの1試合に、宮田が3番手のリリーフとして登板、たまたま打順が回ってきた元木と対戦することになったのだ。

その途端、両チームのベンチから、この日一番の歓声と野次が飛んだ。

「先輩、頼むぞ！　三振してやれよ！」

「抑えるけんな！　なめたらアカンぞ！」

ダイエー側からそんな声が上がれば、巨人側も黙っていない。

「真っ直ぐで来い、真っ直ぐで！」

「ホームラン、ガツンといったるぞ！」

楽しそうに、元木が振り返る。

「宮田と対戦できたのはうれしかった。やる以上はお互いにプロだからね。あいつはおれから三振取ってやるという気できたし、おれも絶対打ち返してやるってつもりでいったしさ。あれは楽しかった。ふたりだけの、一度きりの楽しみだった」


宮田への最後のインタビューは、2015年11月、ホークスがキャンプを張っている宮崎のアイビースタジアムの会議室で行った。

元木の思い出話をぶつけても、宮田は最初のうち、芳しい反応を見せなかった。そんなことありましたかね、と言いながら、いつものように首を捻っている。

「覚えてないですね。オープン戦やなくて、黒潮リーグですか。わからないなあ」

何とか思い出してほしかった。私は何度も元木の話を繰り返し、元木の口調を真似て、両チームのベンチから野次が飛んだくだりを詳しく再現した。

「ああっ」

不意に、それまでうつむいていた宮田が顔を上げた。目に、何かを思い出したような光を宿している。

「ああ、何か、そんなん、あったような気がしますね。ああ、あれ、20年前ですか、もう少し前か」

1992年の黒潮リーグだから、確かに、もう23年前になる。

「ああ、そうや、そのとき、ぼく、真っ直ぐしか投げへんかったんやないですかね。そんな気がします。あれは、あれは」

そう言いながら、宮田は宙を見ていた。何かが見えそうでいて、まだはっきりと見えてこない。宙に向けられた目が、何かを見つけようとして光っている。宮田の視線の向こうに、かつて元木と対決した光景が浮かびかけているのかもしれない。

おぼろげながらも蘇りかけている記憶の中で、宮田が渾身の力で真っ直ぐを投げ込む。そして、元木が万感の思いを込めてバットを振った。

失《うしな》われた甲子園《こうしえん》

記憶をなくしたエースと1989年の球児たち

二〇一六年三月三一日　第一刷発行
【著　者】赤坂英一《あかさかえいいち》

【発行者】鈴木哲
【発行所】株式会社　講談社
東京都文京区音羽二－一二－二一　〒一一二－八〇〇一
電話　〇三－五三九五－三五二二（編集）
〇三－五三九五－四四一五（販売）
〇三－五三九五－三六一五（業務）
【装幀者】奥定泰之
【印刷所】慶昌堂印刷株式会社
【製本所】黒柳製本株式会社

Printed in Japan　ISBN978-4-06-220041-7　345p 18cm N.D.C.783.7
定価はカバーに表示してあります。